무엇을 그리고 왜?

후회 없는 삶을 위하여

홍안의 지음

책을 펴내며

종합적인 사고는 젊은이들에게 미래 한국의 꿈을 키워주는 지름길이라고 생각한다. 이러한 사고는 젊은이들에게 리더십을 키워주고 폭넓은 이해와 포용정신을 길러주므로, 미국의 몇몇 초일류대학에서도 이를 교육의 목표로 삼고 있다.

이와 같은 필요성에 의해 저자는 1990년대 전부터 20여 년간, 학생들에게 입학해서 졸업할 때까지 종합적인 사고를 길러주기 위해 인문학과 자연과학에 관한 책들(참고도서 참조)을 읽게 했고, 토론을 통하여 다음과 같은 사실들을 발견했다.

첫째, 인문학을 전공하는 학생은 자연과학을, 자연과학을 전공하는 학생은 인문학 공부를 게을리하지 않아야 폭넓은 지식에 의해 종합적인 사고를 할 수 있다.

둘째, 루소의 열린 교육에 의해 아이들의 천국으로 만든 미국의 공교육이 선생님들에게 골머리를 아프게 하고 있다. 반면 엄격한 교육과 예의를 중시하는 사립학교와 교회학교를 거쳐 경쟁력 있는 대학을 졸업한 많은 젊은이들은 미국을 이끌고 세계를 포용하고 있다.

셋째, 20년간 연구하여 《배움의 차이(the learning gap)》라는 책을 펴낸 미국의 교육학자 스티글러(James W.Stigler)와 스티븐슨(Harold Stevenson)은 평준화 이전의 한국 교육이 훌륭하다는 근거를 제시했다. 한국의 공교육도 열린 교육이나 이상주의가 아닌 인생 경험이 많은 나이든 교육전문가에 의해 새롭게 태어나야 한다.

넷째, 자식은 부모에게 꼭 필요한 존재라는 것을 인식시켜줌으로써 아이들이 환영받고 태어났다고 생각해 자부심과 긍지를 갖게 된다. 그러나 부모의 지나친 자식 감싸기는 독립심과 사회성을 약화시킨다.

다섯째, 상처가 중해서 치료하는 것이 아니라 낫기 위해 치료하는 것처럼, 내 몸이 귀해서가 아니라 자신의 수행을 위해 돌보는 것이다. 그러므로 사람답게 살기 위해 자아실현이나 깨달음이 삶의 궁극적인 목표가 되어야 한다.

여섯째, 우리는 농경사회에서 산업사회로 급속히 발전함에 따라 자기중심적인 이기주의에서 벗어나지 못했다. 그 결과 민주주의 철학을 정립하지 못해서 IMF를 맞았다. 이와 같이 삶의 철학이 정립되지 못한 채 도덕적 해이가 지속되면 더 큰 국가적 위기를 맞게 된다. 그래서 21세기를 맞아 늦기 전에 삶의 철학을 바꿔야 한다.

일곱째, 자연을 파괴하여 조류독감이 왔고 하늘의 뜻을 거역하여 광우병이 와 세상이 고통 받고 있다. 인간은 자연의 일부이므로 자연의 법칙을 거역해서는 안 된다. 그리고 우주 탄생의 신비함과 생명 순환의 이치를 깨달아 문화와 문명을 발전시켜야 하며. 모든 종교는 초심으로 돌아가 나와 다른 종교를 인정함으로써 더 이상 종교로 인한 분쟁이나 분열이 없어야겠다.

여덟째, 옳다, 그르다하는 판단기준은 그 사람의 가치체계에서 비롯되는 것이므로 스스로 단정해서는 안 되며, 사리가 분명하고 논리가 정연한 철학적인 사고를 가져야 한다. 이와 같은 올바른 판단에 의해 삶을 살아갈 때, 다툼이 적어지고 온 국민이 화합할 수 있어 한국의 미래가 밝아진다,

아홉째, 환웅과 단군조선의 후손인 우리 민족은 찬란한 조선족의 위업을 받아, 거시적 안목을 가지고 지역이기심과 정쟁으로 인한 국론분열은 없애야 한다. 이렇게 함으로써 한반도의 지리적 어려움을 극복하고 국력을 키워, 통일을 앞당기고 외침을 막아 세계를 무대로 뻗어갈 수 있다.

이와 같이 중요한 사실들을 정리하도록 환경을 마련해준 학교 당국에 고마움을 전한다. 또한 학생들이 이 책을 통해 성공적으로 대학 생활을 하여 자신의 진로도 정하고 우리 사회가 필요로 하는 지성인이 되기를 바란다.

또 교권이 흔들리는 현실 속에서 **교육이 바로 서야 나라가 산다**는 일념으로 살아가는 선생님들, 자녀 교육에 애쓰는 부모님들 그리고 대학에서 학생 지도와 연구에 몰두하는 교수님들께 조금

이나마 보탬이 되었으면 한다.

한편 독후감에 참여한 제자들, 나의 인생의 길잡이가 되어주시고 건강까지 챙겨주신 홍순목 원장님, 책의 전반적인 구성을 도와주신 전 가천대학교 국문과 이석규 석좌교수님, 원고가 나오기까지 도와주신 동서울대학교 전자과 교수님들 그리고 늘 곁에서 도움을 준 아내에게 고마움을 전한다.

또 독자께서는 이 책을 읽고 뜻이 있다면, 가장 사랑하는 이에게 권해 주시어 자신의 깨달음은 물론 한국의 공교육 향상 및 선진강국으로의 진화에 보태주시기 바란다. 그리고 우리 한국의 미래를 걱정하는 교포와 그 후손들을 위한 영문판도 준비하고 있다.

끝으로 이 책을 내기까지 힘써주신 복두출판사 임직원들께 감사의 말씀을 드린다.

2019년 10월
저자 홍안의 씀

추천하는 글

이 책의 저자인 홍안의 교수님은 공직생활의 대부분을 대학에서 학생들을 지도하는 데 보내신 분으로, 전자공학을 전공한 뛰어난 학자일 뿐 아니라 제자들을 향한 사랑에 온갖 정성을 쏟아오신, 이를테면 참스승과 같은 분이다.

또한 그는 천성적으로 소박하면서도 겸손하고, 매우 성실하신 분이다. 따라서 교수님과 함께한 경험이 있는 사람이면 누구나 '이 분이 정말로 마음과 정성을 다해 나를 대하고 계시구나' 하는 느낌을 받았을 것이다. 게다가 인생에 대한 깊은 통찰력과 따뜻한 인간미를 겸비하신 분으로서 제자들에게는 물론, 가히 시대의 사표(師表)로서 존경을 받으실 만한 분이라고 생각한다.

홍 교수님은 제자들에게 전공분야인 전자공학을 철저히 지도해 오셨음은 물론이고, 제자들이 인문학적 분야에 대한 이해가 부족하여 인간으로서 보다 의미 있고 보람된 삶을 살아가는 데 행여나 탈이 있을까 염려하여 그런 문제에 대해서도 도움이 되기를 진정으로 원하셨다.

그리하여 교수님은 젊은 시절에 반드시 마음속에 정리하고 있어야 한다고 생각하는 분야에 관하여 주제를 정하여 토론하기로 하였다. 토론 시간에는 가치판단의 문제를 비롯하여, 우리 민족의 찬란한 문화에 대한 이해와 폭넓은 포용의 정신을 갖고 사회를 통합하고 이끌어가는 리더십에 관한 문제가 포함되어 있다.

또한 친구로서, 학생으로서, 부모로서 또는 사회인으로서 스스로의 정체성과 자존감을 지켜 나아가는 문제 그리고 지혜롭고 건강하게 스스로의 역량을 깨닫고 키워 나아가게 할 수 있는 제반 문제에 대하여 체계를 세워 주제를 정하여, 근 이십여 년이라는 세월동안 학생들과 함께 폭넓은 토론을 되풀이해왔다.

그리하여 토론한 주제들의 결론을 추리고, 그것을 집약하면서 다시 교수님의 철학적 관점에서 재구성한 결과가 바로 이 책이다. 그러므로 이 책은 21세기를 살아가는 제자들에 대한 사랑은 물론 여타의 독자들에게도 올바른 삶의 방향을 제시하고자 하는 홍 교수님의 따뜻한 애정과 포부를 담고 있다고 해도 과언이 아니다.

필자는 홍 교수님을 1984년에 처음 만나 지금까지 30여년이 넘는 세월동안 교수님과 인간적인 교류를 해왔다. 그렇기에 누구보다도 홍 교수님을 잘 이해하는 사람으로서 홍 교수님께서 이러한 책을 내게 된 것을 당연하게 여기면서도 동시에 내면적 감동을 가지고 진심으로 축하드린다.

끝으로 또한 필자는 이 책이 내용들을 하나하나 곱씹으며 명상과 사색을 통해 마음에 깊이 새겨둘 만한 인문학적 가치가 있음을 확신한다. 이에 독자들이 이 책을 두고두고 아껴 읽으시길 바라며, 무엇보다도 기쁜 마음으로 독자들께 추천하는 바이다.

이석규 씀

(前 가천대학교 국문과 석좌교수)

차례

1장 미래 한국의 올바른 교육 정책

2장 자연과학을 통한 인간의 깨달음

3장 21세기 철학의 방향

4장 밝은 사회로 가는 올바른 역사의식

5장 올바른 가족관계란

1장

미래 한국의 올바른 교육정책

'교육이 바로 서야 나라가 산다' 이는 현재 우리 한국의 현실을 잘 보여주고 있는 말이다. 이스라엘 교육을 그대로 받아들여도 모자란데, 미국의 사립학교나 교회학교도 아닌 루소의 교육 평준화를 주입한 미국의 공교육을 그대로 받아들였기 때문에 도덕이 무너져 선생님들의 권위가 실추되고 교육 질서가 문란해지면서 오늘날의 교육 현장이 만들어졌다.

또한 평준화의 부작용으로 인해 가정형편이 어려운 학생일수록 개인교습이나 일류 학원의 혜택을 받기 어렵기 때문에 대학입학 시 좋은 성적을 받기에 불리하다. 또 강남의 부동산 가격도 계속 올라가서 결국 부동산 정책은 실패했음은 물론이요, 계층 간의 골도 더 깊어져 양극화만 부채질하고 있는 형국이다. 서민층 자녀들은 상대적인 박탈감을 가지게 되고 자녀를 둔 학부모들은 좋은 교육환경을 희망하여 수도권으로 몰리고 있으니 가치관은 흔들리고 국가의 기강도 무너지고 있다.

양극화를 줄이기 위해서는 지방에 우수한 고등학교나 특수학교, 대학교 및 부속병원, 생활편익시설과, 지방에 맞는 일류 산업체 및 기타 서비스산업이 함께 공존하게 하여야 한다. 그래야 지방에도 사람살기 좋은 분위기가 만들어져 지방의 인구도 자연스럽게 증가하고, 국토도 균형적으로 발전될 수 있다. 정부가 이러한 확신을 가져야 양극화를 줄일 수 있다.

또 융합시대를 맞아 정부는 개인의 개성을 살려주고 능력을 최대한 발휘하게끔 하여 인재를 길러내고, 국가가 지향하는 방향으로 이들 인재 간의 전문성을 교류시켜야 한다. 나만 잘하면 된다는 사고(思考)는 시대착오적인 발상이다. 이렇게 전문성을 가진 인재들을 교류하고 융합해야 한국의 미래가 살고 사회가 건강해진다.

지금 조국 전 법무장관 사태와 같은 정치적인 계산으로 하루아침에 교육정책이 바뀌면 학부모와 아이들은 불안해하며 한국의 미래도 없어진다. 한국의 교육은 우리의 문화와 환경에 반드시 맞아야 하고 인생경험이 풍부한 교육 전문가에 의해 흔들리지 않게 장기간의 연구 결과로 새롭게 태어나야 한다.

학교폭력은
왜
심각한 후유증을 낳는가?

자존심이란 '나는 세상에서 있는 그대로 인정받을 가치가 있거나 다른 사람으로부터 사랑을 받을 만하다' 라고 생각하는 신념을 말한다. 그래서 자존심이 매우 강한 아이는 남들을 학대하지도 않고 남들에게 학대받지도 않는다.

아이의 사춘기가 시작되면 어른 이상으로 자존심이 강해지며, 남들에게 맞거나 놀림을 받으면 의외로 충격을 받는다. 때문에 집에 와서 부모에게도 그 사실을 털어놓지 않는다. 학교에서 폭력을 당했다는 생각이 드는 순간 자존심을 잃으며, 이때부터 살아남을 힘이 없어 한층 더 궁지에 빠진다.

나이 삼십이 될 때까지 그 상처로 인해 모든 일에 자신감을 잃을 뿐만 아니라, 직장을 지키는 것도 힘들어진다. 또 그러한 공포로 잠을 설치는 일이 많다. 따라서 이러한 사회생활에서 약자가 발생하지 않도록 해야 하며, 학교가 학생의 폭력을 대충 마무리하려고 하면 그것은 또 다른 2차, 3차의 피해로 이어진다.

피해자가 폭력 자체를 자기학대라고 인정해버리면 더 이상 사는 것 자체를 포기한다. **학생이 학교 폭력에 시달리다 자살하는 이유는, 살아가는 힘의 원천인 자존심이 완전히 파괴되었기 때문이다.**

최근 학교 폭력은 그 행태가 범죄라고 할 만큼 심각하다. 피해를 입은 학생은 왜 입을 열지 않고 무서운 폭력에서 헤어날 수 없을까? 그런 폭력에서 헤어날 수 있는 학생이라면 처음부터 학교 폭력의 피해를 입지 않았을 것이다.

학교에서 폭력이 발생했을 때, 피해 학생의 부모는 내 자식이 왜 이토록 자기주장을 할 수 없었는지를 확실히 파악해야 한다. 그래서 가해자와 선생님을 만나 문제를 풀지 않으면 안 된다.

보통 피해 학생은 학교 폭력을 공개하는 것을 꺼려한다. 그러나 학교 폭력을 공개하는 것이 교육적으로 매우 중요하다.

인간은 자기 존엄성을 박탈당하면 살아가기 힘들다는 것을 알고 있다. 학교 폭력을 당한 학생은 부당하게 모욕을 받거나 따돌림을 당하면 엄청난 충격을 받는다, 따라서 담임선생님과 피해자의 부모는 가해자와 가해자의 부모에게 그와 같은 사실을 반드시 일깨워 주어야 한다.

그리고 가해자는 모든 학생들 앞에서 피해자에게 진심으로 잘

못을 사과하고 용서를 구하는 절차를 밟아야 한다. 그렇지 않으면 피해를 받은 학생은 그 사건이 발생한 이후에도 심적 외상을 거듭하게 된다.

따라서 학교가 피해자의 외적인 상처와 내적인 자존심을 회복시킬 수 있는 기본적인 대책을 세워야한다. 이러한 점에서 학교 폭력은 무서운 것이며 반드시 근절되어야 한다.

" 학교 폭력을 막으려면
가해자와 가해자의 부모는
교사와 학생들 앞에서
피해자와 피해자의 부모에게 사죄하고,
용서를 받는 절차를 반드시 거쳐야 한다 "

인터넷이 젊은이들에게 주는 피해

서울에 있는 어느 중학교 교사의 말에 의하면 그가 맡고 있는 반 학생 37명 중 5명 이상이 하루 종일 엎드려 잠잔다고 한다. 이들은 모두 밤을 새며 게임을 하다가 학교에 나온 학생들이다.

또 2018년 3~4월 사이에 초중고생 129만 명 중 19만 6000여 명(15.2%)이 하루에 3~4시간 이상이나 인터넷과 스마트폰에 과다하게 의존하고 있다고 여성가족부가 발표하였다.

그리고 연세대학교 김재엽 교수의 2017년 논문에 따르면 중고생들은 하루 3시간 38분이나 스마트폰을 사용하고 있으며, 비중독자도 하루 1시간 42분이나 스마트폰에 매달린다고 한다.

한편 초록우산 어린이재단은 2018년 5월 초에 초중고생 571명을 대상으로 한 조사에 따르면 하루 평균 가족과 대화 평균 시간은 단 13분이었고, 그 수치는 2014년에는 29분, 2009년에는 59분으로 해가 갈수록 반 토막이 났다고 한다.

그리고 한국의 200만 대학생들 중 적어도 수십만 젊은이들이 하루의 두세 시간 이상을 친구들과 채팅이나 게임하는 데 보내는 것으로 추산된다. 참으로 안타까운 일이다. 세계 어디를 가도 이렇게 컴퓨터와 스마트폰에 매달려 많은 시간을 보내는 젊은이들은 없다.

많은 젊은이들이 지식을 인터넷에서 찾으면 된다는 그릇된 생각을 한다. 그러나 지식은 궁극적으로 머리를 짜내 얻어지는 것이며, 그런 능력은 고독하고 끈질긴 사고 속에서 길러지는 것인데, 결국 인터넷이 젊은이들로부터 깊이 생각하는 사고와 능력을 빼앗고 있다는 것이나 다름없다.

이성의 도구는 수학이다. 오늘날 한국의 젊은이들은 수학하기를 싫어하고, 계산하는 능력도 10년 전에 비해 크게 떨어진다. 이것도 컴퓨터와 스마트폰에 의존하고 있는 탓이다.

자연과학에서 우리는 실험과 경험을 토대로 이성을 접목시킬 때 올바른 지식을 얻을 수 있으며, 이러한 올바른 지식이 사회를 건강하게 만든다.

불행하게도 우리 한국의 수십만 젊은이들이 벌써 인터넷이란 거미줄에 걸려 있는지 오래다. 학부모들 중에는 자녀들이 컴퓨터와 스마트폰에 중독될까 걱정하여 외국으로 유학을 보내는 사람들도 있다. 이러한 심각한 문제점을 국가적인 차원에서 해결해야 한다.

“ 평준화의 병폐로
젊은이들의 인터넷 중독이
더 빠르게 확산되고 있다 ”

인터넷 중독에서 청소년들을 구하려면

2013년 한국정보문화진흥원의 통계에 의하면, 9세 어린이에서 19세 청소년에 이르기까지 720만 명이 넘는 젊은 세대 중 14.4%인 103만 5000여 명이 인터넷 중독으로 일상생활에 어려움을 겪고 있다고 한다.

이들 연령층의 약 2.3%인 16만 8000명은 치료가 필요한 고위험 중독에 속하고, 12%인 86만 7000여 명은 상담이 필요한 잠재 위험군으로 조사되었으며, 인터넷 중독자 수도 매년 크게 증가

하는 데다 연령층도 낮아지고 있다.

맞벌이가정, 한 부모 가정 그리고 저소득층의 가정에서 자라는 아이일수록 인터넷 중독이 많이 발생하고 있다고 한다. 그리고 아이들의 생활습관을 세밀하게 살피기 어려운 가정일수록 일반 가정보다 인터넷 중독이 2배 이상 높게 발생하고 있다.

청소년들의 구체적인 실태를 보면 부모와의 의사소통 부재, 학교에서 친구들과의 싸움, 기물파괴, 수업시간 중에 나가서 휴대전화로 문자 보내기, 가출하여 낮에는 PC방에서 게임하고 밤에는 늦게까지 영화 보기 등 다양하게 비행을 저지르고 있다.

이대로 우리의 젊은 새싹들을 더 이상 방치하면 사회가 혼란에 빠지기 때문에 늦었지만 대책을 세워야한다. 따라서 올바른 교육 여건을 마련하는 것이 중요한데, 여기서 교육 여건이란 교육 환경이 대부분을 차지하고 있다.

70년대 이전의 교육 환경

첫째, 부모의 이혼율이 낮아 가정이 안정되었고,

둘째, 군사부일체의 마음으로써 스승을 존경했다.

셋째, 입학시험 제도로 중고등학교를 선택했으며,

넷째, 초등학교의 암기식 위주 학습 방법으로 기초를 튼튼히 하여 창의력을 키웠다.

70년대 이후의 교육환경

첫째, 부모의 이혼율이 높아 흔들리는 가정에서 자녀가 탈선하고,

둘째, 교권이 추락하여 학생지도가 어려워졌다.

셋째, 평준화의 교육 제도에서 수준별 수업이 어려워 학습 효과가 떨어지고,

넷째, 공교육의 부실로 개인교습이나 학원에 의존하게 되어 가정환경이 어려운 학생이 손해를 보고 있다.

이러한 교육 여건을 비교 분석해볼 때, 인터넷 중독으로 인한

피해를 줄이기 위해 다음과 같은 방안을 제시한다.

첫째, 학생, 교사, 학부모가 대화를 통해
인터넷 중독에서 벗어나게 해야 하고,
둘째, 인터넷 중독증이 심한 청소년은
청소년 상담센터에서 치료를 받아야 한다.
셋째, 수준별 수업을 실시하여 학원에 가지 않고
대학에 갈 수 있도록 지도한다.
넷째, 70년대 이전과 같이 평준화를 없애고
지방에도 명문고등학교를 많이 설립하여
진학할 수 있도록 정부가 지원한다.

이렇게 하면 공교육이 살아나고, 선생님도 자부심을 갖고 학생들의 학습효과를 높일 수 있어 청소년들의 인터넷 중독을 막을 수 있을 것이다.

“ 평준화의 병폐가 교육을 혼란케 하여,
가난한 형편에 있는 자녀일수록
이 사회에서 불이익을 받기 쉽다 ”

군림하는 행정은 교육을 망친다

한국은 국토가 좁고 자원이 부족해, 자원의 대부분을 수입하고 있다. 이와 같은 여건에서는 대학이 연구 개발에 힘쓰고, 정부는 수출을 주도해 나라의 살림살이를 꾸려가야 한다.

정부와 대학이 교수들로 하여금 학생들을 가르치고 새로운 주제를 연구하며 사회에 봉사하는 데 전력을 다할 수 있도록 환경이 뒷받침되어야 하는데, 이 학교경영의 인적 환경에는 두 가지가 있다.

첫째, 학생들에게 물과 영양을 고루 주어 여름에 꽃을 피우고 가을에 훌륭한 열매를 맺게 하는 교육자 환경이 있으며, 둘째, 시설을 잘 관리하고 변화하는 사회에 능동적으로 대처하는 교육행정가 환경이 있다.

이러한 두 인적 환경이 조화를 이룰 때, 대학은 훌륭한 인재를 길러낼 수 있다. 한국의 대학들은 이들 두 환경이 매우 중요하다는 것을 인식하고 있으나 교육자와 교육행정가 두 집단이 서로 견제하거나, 어느 하나가 다른 집단에 군림하고 있다고 해도 과언이 아니다.

교육 행정가들은 행정을 위한 행정을 해서는 안 되고, 교육에 도움이 되지 않는 공문과 자료를 개발해서도 안 된다. 더욱이나 교육행정가가 교육자 위에 군림하려고 한다면 대학의 본래 목적은 빗나가게 되고 대학의 경쟁력이 떨어지게 된다.

2019년 현재, 우리나라에는 총 430개의 전문대학과 종합대학이 있다. 그래서 고등학교 졸업생 수에 비해 대학과 대학 입학

정원(定員)이 상대적으로 많아 대학이 신입생 유치에 열을 올리고 있어 대학의 본래 기능을 잃어가고 있다.

1974년 교육부가 처음 고교평준화 제도를 채택한 이후 학생들의 성적은 2012년 기준으로 2년 이상 하향 평준화되고 있다. 더욱이 바둑 하나만 잘 두어도 대학에 갈 수 있는 특기자 선발 정책을 이해찬 전 교육부 장관이 도입했었는데, 이러한 정책은 해가 갈수록 학생들의 실력을 떨어지게 하고 있다.

거기다 학교는 이러한 선발 정책으로 들어온 학생들에게 종잇장에 불과한 졸업장을 주기에 바쁘다. 그렇다고 우리의 교육정책을 60년대나 70년대로 돌려놓을 수도 없어 우리 교육자들은 무거운 짐을 지고 있다.

지금 학생들은 결손가정의 증가와 취업률 저하로 학습의욕을 잃고 힘들게 살아가고 있다. 따라서 이와 같은 환경을 개선하기 위해 국가가 앞장서야 하고, 대학은 국가가 필요로 하는 인재를 길러내 국제경쟁력을 갖추려면 다음과 같은 노력이 필요하다.

첫째, 대학생과 대학의 수를 적절히 줄이고

둘째, 정부와 대학은 교수들로 하여금 연구에 전념할 수 있게 적극 지원해 주어야 한다.

셋째, 교수들은 학생지도를 철저히 해야 하며,

넷째, 국가경쟁력을 갖추기 위해 학생들에게 종합적인 사고를 길러주고,

다섯째, 학생들의 특기를 살려주어야 한다.

이러한 정책을 잘 수행할 수 있도록 정부와 대학이 함께 교육자에게 힘을 실어주어야 한다. 이렇게 함으로써 교수들은 학생지도를 통해 인재를 길러내고, 또 봉사와 연구에 전념함으로써 교육의 본래 목적을 수행할 수 있고 나아가 우리의 국가경쟁력을 높일 수 있다.

" 마음이 중도를 이탈하면
자신도 괴롭고 다른 사람들도 힘들어지며,
사소한 일에도 다툼이 일어나
서로가 상처를 입게 된다 "

한국의 교육정책, 이대로는 안 된다

동방예의지국인 우리 한국이 도덕을 바탕으로 하는 엘리트층을 길러내기 위해서는 교육정책의 방향설정이 매우 중요하다.

대학에서의 교육목표 역시 이 엘리트층을 키우는 데 있다. 여기서 엘리트층이란 국가의 장래를 걱정한 나머지 국가가 지향하는 방향으로 힘을 모아주는 층을 말한다.

많은 나라들이 각기 정책을 세워 교육을 실시하고 있으나 실패하고 있는 나라도 있는데, 그 실패에는 두 가지 이유가 있다. **첫 번째는 그 나라의 문화, 환경, 기타 여건을 고려하지 않고 외국의 교육제도를 그대로 모방해 왔기 때문이고, 두 번째는 보수층을 무시한 채 진보주의자들이 목소리를 높이고 있기 때문이다.**

올바른 교육은 이상론이 아닌 경험론에서 나온다. 즉 교육은 긴 여정의 인생을 살면서 겪는 경험과도 같다. 이러한 관점에서 볼 때 우리나라의 교육 문제점은 전, 후자 모두에 속하고, 미국의 공교육은 후자에 속한다.

미국은 사립학교와 공립학교의 교육방식이 큰 차이가 있으며 따라서 학교의 모습도 차이가 있다. 일례로 돈 많은 부자들이나 가문 있는 집의 후손들이 다니는 사립학교에서는 교사가 학생들에게 엄격하고 학생들의 예절을 중시하지만, 공립학교는 그렇지 못하다.

(1) 왜 미국의 공교육은 실패하고 있는가?

미국의 공교육은 열린 교육의 창시자인 루소가 주장했던 이상론의 결과물이다. 어릴 때 루소는 생후 9일 만에 어머니를 잃고 아버지의 방치 속에 자랐으며, 제대로 된 교육도 받지 못하다가 아버지가 떠난 후에 숙부의 집에 살면서 직업훈련을 받았다.

일찍 어머니를 여읜 루소는 평생 따뜻한 모정을 그리워했다. 그는 변덕스러운 성격 때문에 직업훈련에 적응하지 못하고 프랑스로 왔다. 프랑스에서 돈 많은 과부를 만난 그는 그녀의 재정 지원 덕에 고급교육을 받으며 인생의 변화가 시작됐다.

그 후 문맹인 하녀와의 애정행각으로 5명의 아이를 낳았는데, 이 아이들은 모두 고아원에 맡겨 키웠다. 이러한 그의 삶의 방식은 '자연주의' 이면서 평소 그가 주장했던 '열린 교육' 과는 거리가 먼 얘기다.

미국 공교육이 말하는 열린 교육의 실상은 아이들이 잘못해도 칭찬하고, 칭얼대면 달래주고, 화를 내면 예쁘다고 안아줌으로써 온통 왕자병과 공주병에 걸려 있는 아이들의 천국이다. 이러한 이유로 교육 이론은 경험에 의해 정립되어야 한다. 오늘날 미국의 공교육이 열린 교육으로 인해 수난을 겪고 있다.

《유아와 육아의 상식(The Common Sense Book of Baby and Child Care)》을 쓴 미국의 소아과 의사 스포크(Benjamin Spock)는 엄격한 어머니 밑에서 자랐다. 그래서 어린 시절에 그는 매사에 자유롭지 못한 채 항상 공부에 쫓기고 예절을 배워야 했으며, 집안일을 도와야 했다. 그는 어머니의 엄격한 가정교육으로부터 자유롭지 못했던 자신의 어린 시절이 고통스러웠다.

그래서 아이들에게만은 그 고통을 물려주지 않기 위해 아이들을 자유롭게 풀어주고 안아주며 칭찬해줘야 한다고 주장했다. 그러나 지나친 열린 교육을 받은 아이들은 자기 감정을 다스리는 능력이 줄어든다. 그래서 학생들이 학교에서 공부하다 총에 맞아 죽는 비극이 미국 도처에서 지금도 벌어지고 있다.

그는 한때 루소의 추종자였지만, 어머니의 교육이 매우 훌륭했다는 것을 뒤늦게 깨달았다. 그래서 그는 아이들을 지나치게 풀어주고 칭찬만 하면 자기감정을 다스리지 못한다는 사실을 알아차렸고, 1998년에 죽기 직전까지 후회하며 눈을 감지 못했다고 한다.

그러나 인생경험 없는 진보주의자들은 아직도 잘못을 인정하려 하지 않고 있어 미국 교육계에서는 골머리를 앓고 있다. 선거 시기가 되면 대통령 후보자들의 첫 번째 공약이 미국의 열린 교육을 고치겠다는 것이다.

그러나 두터운 진보주의자들의 거센 반발로 청소년 문제는 날이 갈수록 어려워지고 있으며, 한해 5천명 이상의 어린아이들이 동급생들의 총에 맞아 젊음의 꿈도 펴지 못하고 쓰러져 가는 일이 도처에서 벌어지고 있다.

구체적인 예로 한 초등학생은 자기 동생이 칭얼대며 소란을 피운다는 이유로 20층 아파트 밖으로 동생을 밀쳐 죽였고, 어떤 중학생은 지나가던 학생의 운동화가 탐난다고 총부리를 학생의 머리에 대고 위협하여 빼앗기도 하였다.

그리고 어떤 고등학생은 시험공부를 하지 않고 중간고사를 본 결과 성적이 좋지 않자, "너희들만 시험을 잘 보기냐? 선생님은 왜 내가 모르는 문제만 출제하여 시험을 망치게 했느냐?" 고 불평하면서 중국제 AK45 총으로 선생님과 동급생들을 무참히 살해한 사건도 있었다.

미국의 공교육은 이러한 루소의 이상주의 이론에 근거한 교육제도로서 오늘날까지도 진보주의자들의 반발 때문에 헤어나질 못하고 있다.

미국의 공교육을 본받은 일본의 경우도 마찬가지여서 학생들을 지도하기 힘들어 초등학교 교사 45% 이상이 병원을 찾고 있는 형편이다. 그래서 일본 내부에서도 엄격한 교육으로 돌아가자고 주장하고 있다.

우리나라도 오늘날과 같이 많은 문제점이 있는 교육을 참교육이라 포장해서 사회를 혼란으로 몰고 있다.

매년 우리 청소년들의 문제가 미국 사회의 뒤를 쫓아가고 있다고 주장하는 재미교포 황용길 교수의 주장을 우리는 깊이 생각해 보아야 한다. 황 교수는 미국에서 고등학교 교사로 10년간 근무한 경험도 있다.

미국의 공교육이 잘못되었다는 보다 확실한 근거는 미국의 교육학자 스티븐슨(H.Stevenson)과 스티글러(J.W.Stigler)의 연구 결과에서도 잘 나타나고 있다.

이들은 한국의 초중고 학생들이 미국의 공교육을 받은 다수의 학생들보다 공부를 잘하는 이유를 연구하였다. 1972년 초부터 20년 동안 그 이유를 연구하여, 《배움의 차이(the learning gap)》라는 제목의 책을 출간하였는데, 내용의 요지는 다음과 같다.

첫째, 부모들의 이혼율이 낮은 안정된 가족구조
둘째, 어른들을 존경하는 사회 가치의 유지
셋째, 부모들의 높은 교육열
넷째, 개별화와 차별화가 아닌 전 학급 수업방식
다섯째, 초등학교 때 암기식 교육의 필요성

이러한 연구결과를 보면 과거의 한국 교육이 우리에게 잘 맞는 우수한 교육 방식이라는 것을 알 수 있다. 그래서 **미국과 영국에서 평준화 이전의 우리 한국의 교육제도를 도입해가기도 했다.**

그러나 한국의 진보주의자들은 이러한 사실도 모른 채 엄격한 미국의 사립학교 교육은 받아들이지 않고, 잘못된 미국의 공교육을 지금도 주장하고 있어 걱정스럽다. 백년지대계인 교육이 이 땅에 잘못 뿌리내린 이상, 하루속히 우리는 과거의 엄격한 교육으로 돌아가, 도덕을 바탕으로 하며 우리 풍토에 맞는 교육 제도를 정착시키지 않으면 안 된다.

(2) 세계 초일류 대학

대학은 인간이 갖추어야 할 지식을 창조하는 연구, 인간에게 지식을 전달하는 교육 그리고 인간을 위해 지식을 활용하는 봉사를 담당한다. 미국의 대학들은 이러한 세 가지 영역 중 하나만을 특성화하고 있다. 예를 들면 하버드와 시카고 대학은 연구를, 스탠퍼드 대학과 MIT 대학은 봉사를 특성화하고 있다.

카네기 멜론 대학(Carnegie Mellon University)은 1967년 카네기공과대학과 멜론 연구소가 합병하여 탄생된 대학으로, 14,500명의 재학생과 3,000명의 교수 및 행정요원이 있으며 수많은 노벨상 수상자를 배출하였다.

당시 미국에는 의대와 법대가 있는 일류 대학들이 이미 즐비하였기에, 이 대학이 똑같은 학과를 설립했다면 2등 밖에 못했을 것이다. 따라서 1980년대 중반부터 카네기 멜론 대학은 컴퓨터 분야와 심리학 분야에 집중적으로 투자하였고 그 결과 세계 초일류대학이 될 수 있었다.

인문대학 중에서 세계 초일류대학은 미국의 애머스트 대학(Amherst College)이다. 이 대학의 교육 이념은 종합적인 사고력을 가진 지성인 양성이다. 지성인을 양성하는 대학은 직장을 찾기 위한 직업인을 키우는 전당이 결코 아니라는 것이다.

이러한 이유로 이 대학에는 법대나 의대는 물론 경영대학도 없다. 종합적인 사고를 가진 지성인을 요구하는 이 대학에서 그들은 국가경쟁력의 원천이 문학, 철학, 자연과학에서 나온다고 굳게 믿고 있다. 이러한 경쟁력을 살리기 위해 이 대학은 전체 학생이 1,600명으로 규모가 매우 작으며, 교수와 학생비율은 1대 9가 되도록 철저하게 지도하고 있다.

또한 이 대학에서 가장 강조하는 강좌는 글쓰기이며, 이 강좌야말로 유일한 교양 필수 과목으로 고집하고 있다. 두 번째로 강조하는 분야는 체력단련인데, 이는 한 가지 분야만 집중적으로 공부할 경우 세상이 바뀌어지면 쓸데가 없는 무용지물이 된다는 생각에서 근거한 것이다.

따라서 미국의 훌륭한 지도자 가운데 애머스트 대학 출신이 가장 많은 이유가 이러한 데 있으며, 애머스트 대학에서 미국의 자존심과 저력을 느낄 수 있다.

(3) 한국의 교육 현장

1) 초-중-고등학교

전국 교직원 노동조합의 교사 450명이 중고등학교 학생들을 대상으로 실시한 조사에서, 응답교사의 78.2%가 '교실붕괴 현상이 일어나고 있다.' 고 답했고 응답자의 44.7%는 '교실붕괴가 1998년부터 갑자기 일어난 현상이다.' 라고 대답했다.

한편 교실 붕괴의 원인으로 교사들은 교육제도의 경직성(40.6%), 교육부의 정책 실패(31.4%), 학생문화의 급변(20.9%) 순으로 꼽았다.

학생들의 수업참여 정도를 묻는 질문에 교사의 55.35%가 '20% 이하의 학생들이 수업에 적극적으로 참여하고 있다.' 고 답했고, 실업계 교사의 37%가 '20% 이하만 수업에 참여하고 있다.' 고 했다.

또 학생의 약 40%가 '학원이 학교보다 더 잘 가르친다.' 고 응답해 공교육에 대한 불신도 심각한 것으로 드러났다. 이러한 교실 붕괴의 원인에는 제도적 측면이 크다. 평준화 정책이 고교생의 80%를 학교에서 버려진 자식으로 만든 것이다.

많은 대학에서 입시 부정이 있다하여 시험을 국가가 맡아왔다. 그 결과 시험의 부정은 막았지만, 학생들의 개성과 실력도 끌어내리고 말았다.

평준화 제도에서 하듯이 우수한 학생과 열등한 학생을 함께 가르치는 것은 매우 어렵다. 또한 한 학급의 10~20% 학생만을 중심으로 수업을 진행함으로써 세칭 일류대학에 몇 명이 합격했느냐가 고등학교의 우열을 가리는 기준이 되어버렸다.

이러한 현실에서 학생들의 교사에 대한 존경심마저 없어지고 윤리 도덕은 말로만 그치게 되었다. 최근 수행평가, 무시험

전형 등 당국이 새로운 입시 방식을 도입하였으나 오히려 이는 교실붕괴를 부채질하는 결과를 가져왔다.

실업계 고등학교 학생들의 대부분은 인문계 고등학교 입시에서 실패한 학생들이다. 가정형편이 어려워 대학에 갈 수 없거나, 학교 성적이 좋았음에도 실기에 재능이 있어 실업계를 선택한 것이다. 따라서 실업고등학교에서 교실붕괴가 심각한 것은 정부 정책의 잘못이라고 본다.

한편으로는 산업현장의 수요보다 많은 학생을 뽑아 실업계 졸업생들의 실직자 수가 늘어났고, 거기에 전문대학과 대학의 수를 늘림으로써 고등학교 졸업생의 대다수가 실질적으로 대학 진학을 하고 있어 실업계 고교생들은 혼란과 방황을 계속하고 있다.

2) 전문대학과 종합대학교

학생이 대학을 졸업하면 인격을 갖춘 지성인으로서 건강한 사회가 되는 데 보탬을 주어야 하는데 오늘날 대학생들은 염불에는 마음이 없고 잿밥에만 마음을 두고 있다.

그 이유는 대학의 교육과정이 소비자 위주의 시장논리에 맞춘 탓에 인생의 목표를 목적이 아닌 수단에 두어 가치관이 정립되지 못한 학생이 많고, 또 학생이 졸업해도 취업이 어려워서 방황하고 있기 때문이다.

더욱이 1980년대부터 2000년대까지 정부는 서울의 인구를 지방으로 분산시킨다는 목적으로 수도권과 지방에 각각 전문대학과 종합대학을 무계획하게 설립 인가하였다. 이로 인해 학생들은 등하교 시 교통난을 겪고, 지방의 종합대학으로 유학까지 감으로써 학부모들의 부담은 가중되었다.

정부는 아직도 수도권의 인구 증가 문제를 해결하지 못하고 있으며, 대부분의 지방 대학들은 고등학교 학생 수 감소로 인해 정원도 채우지 못하고 있어, 지방 국립대학들은 합병하고 있는 상황이다.

그리고 전국 대학 입학 정원은 물론 대학 수를 줄이기 위해, 교육부는 그 대학의 재정건전성, 교수 확보, 학생 취업, 학생장학금, 기타 교재 확보 등에 따라서 국가의 재정지원, 교수연구비 및 입학정원 등을 결정해주고 있다.

그래서 교수들은 연구와 학생 지도보다 학생들의 취업을 위해 산학 협동과 제품 개발에 힘쓰는가 하면, 입학생들의 정원을 채우기 위한 학생 홍보 활동과 공문처리 업무 등으로 교수 본연의 임무가 부실해지고 있다.

따라서 교육부는 교육정책의 뿌리만은 흔들리지 않도록 충분한 시간을 두고 깊이 연구해야한다.

" 아이들을 지나치게 풀어주고 칭찬만 하면 자기감정을 못 다스린다 "

한국의 공교육을 살리기 위한 방안

한 나라의 교육은 그 나라의 문화 속에서 함께해야 한다. 그렇기 때문에 미국에서 공교육을 받은 한국인 교수들이 한국 문화를 등한시한 채 한국의 공교육 정책 입안에 중대한 영향을 미친다면 크게 잘못되었다고 생각한다.

문제점이 많은 교육평준화를 채택할 당시에도 미국에서 공부한 한국의 일부 사범대학 교수가 정책 입안자이며 자문위원이었다는 점에서 근거 없는 얘기는 아닌 것 같다.

실험에 근거하지 않은 공학의 이론은 허황되고 이론에 맞지 않는 실험은 잘못된 결과가 나오듯이, 그 나라의 문화와 환경을 무시한 교육정책은 문제가 발생하기 마련이다.

교육 평준화 도입 당시 교육부가 분당, 일산, 평촌에 살고 있는 학부모들의 의견을 수렴하여 50% 이상의 지지를 받아서 평준화를 도입했다고 한다. 교육부는 21세기 청소년들의 꿈을 키우는 가장 중요한 정부 부서다. 많은 학부모들의 의견을 좇아가는 것도 방법일 수는 있지만, 그렇다고 해서 한국의 중요한 교육정책을 그들의 주장대로 바꾸어서는 안 된다. 왜냐하면 학부모들은 제 자식에 대한 이기심이 있고, 인생을 한참 살지도 않았으며 또 교육의 전문가도 아니기 때문이다.

한 학급에서 보통 상위 20% 내에 속하는 학생을 성적이 좋다고 말한다. 그래서 공부를 잘하는 학생만 우수 반에서 공부하게 할 때, 다른 학생의 학부모들은 내 자식이 공부를 잘하는 그룹에서 제외되었다는 소외감 때문에 평준화를 요구할 가능성이 많다.

공부를 잘하는 학생은 우수 반에서 학원의 도움 없이도 좋은 대학에 진학하기 쉽다. 반면 공부를 잘 못하는 학생들은 교사가 학생 수준에 맞는 공부를 지도해야 학원에 가지 않고도 대학에 입학할 가능성이 높다.

고교 평준화 시행 이전에는 성적이 비슷한 학생들끼리 학급을 구성하여 선생님들이 학생들을 가르치기 수월하고, 학생들도 교과 내용을 이해하기 쉬웠다. 따라서 교사들은 자부심을 가질 수 있었고, 또 학교에서도 수준별로 학생들을 가르치는 방법을 연구하는 분위기가 조성되었다.

그러나 고교 평준화가 도입된 이후에는 성적이 상위인 학생들과 하위인 학생들을 한 반에서 가르쳐야 하므로 모든 학생에게 도움이 되지 못하고, 또 교사의 능력도 제대로 평가될 수 없게 되었다.

교육부는 분당, 일산, 평촌 지역에도 이와 같은 평준화를 도입한지 오래다. 이러한 평준화 제도는 성적 분포가 다양한 학생들을 교사가 가르치는 데 어려움이 많아 결국 학생들은 학원이나 개인 교습을 택하게 된다.

따라서 공교육은 학생들의 신뢰를 잃고, 재수생과 재학생은 강남의 이름 있는 입시 학원을 택하게 되므로 강남 지역의 집값이 평생직장에서 받은 퇴직금보다 많은 수억 원이나 뛰게 되고, 지금까지도 계속 상승하고 있다. 그래서 전세난, 빈부격차, 부정과 비리 등으로 가치관의 혼돈이 생겨 건강한 사회를 잃어가고 있다.

이런 와중에도 정부가 올바른 대책을 세우지 못하고 있어 한국의 미래를 걱정하지 않을 수 없다. 이제는 학부모와 교사들의 의견을 참고하고, 인생 경험이 풍부한 교육 전문가에 의해 근본적인 한국의 교육 개혁이 이루어져야 한다.

오늘날 정보화 시대를 맞아 컴퓨터의 발달로 학교 무용론과 학력 파괴를 높이 평가하는 사람도 있다. 그리고 학력만을 쫓다가 나라 경제가 어려움을 맞았고, 학력 경쟁 때문에 아이들의 인성을 망쳤다는 주장도 있다. 그런데 모든 학생들이 공부를 안 하고 노는 데만 열중하면, 과연 모두 착하고 성실하게 살까? 또 나라가 정말로 잘 될 수 있을까?

그렇다면 미국은 어떠한가? 미국 도심에 살고 있는 공립학교 학생들 중에는 공부를 잘 안 하고 성적이 제일 떨어지며 탈선하는 학생이 많다. 그러나 공부를 잘하는 동양 학생들은 착하고 학교생활에서도 모범을 보이고 있다.

인성교육은 가정의 몫이다. 미국 교육계는 최근 학교성적에 비례해서 아동의 질서의식과 윤리 도덕이 잘 이루어지고 있다고 발표했다. 일반적으로도 일류를 추구하는 대학은 일류 학생을 배출하며 그 일류 학생은 일류 제품을 만들어내지만, 일류를 죽이는 사회에서는 일류 제품을 생산할 수 없다.

평준화 제도로 평등교육을 시행하면 국가경쟁력에서 꼴찌를 면할 수 없다. **학력을 파괴하는 풍조는 가난한 사람이나 서민층의 자녀들만 곤경에 빠뜨려 계층과 계층 간의 골을 깊게 할**

뿐이다. 따라서 양극화를 줄이고 선진국으로 가는 길은 교육받을 기회를 끝까지 열어주어야 하고, 아이들의 잘못된 인성교육과 학업을 경시하는 풍조로부터 생기는 범죄를 막아야한다.

경제적으로 부유한 자녀일수록 값비싼 사교육으로 명문대학을 가고 해외유학을 다녀와 좋은 일자리를 차지하기 쉽고, 부모의 권력과 재산을 물려받음으로써 이 사회가 악순환의 늪에 빠지게 된다.

그래서 사교육을 줄이고 학생의 능력과 재능을 최대한 살리기 위해서는 평준화가 아닌 학업 수준으로 학생들을 뽑아 수준별 수업을 실시해야 한다. 이를 통해 부유층 자녀나 서민층 자녀 모두 사교육 없이도 학업에 흥미를 느낄 수 있으며, 잘못된 인성이나 학업을 경시하는 풍조로부터 생기는 범죄를 막을 수 있다.

또한 학생들을 가르치는 선생님들의 정신적·육체적 고통을 덜고, 선생님으로서의 권위도 살아날 수 있다.

미국도 강경한 진보주의자들 때문에 공교육이 평준화의 늪에서 헤어나지 못하고 몸살을 앓고 있다. **학습량이 많다, 학습내용이 재미없고 어렵다는 학생들의 말 때문에 쉽고 재미있는 교육을 위한 포장된 교육개혁만 한다면 이들이야말로 학력 파괴자들의 장본인일 것이다.**

가정의 살림살이와 나라의 경제가 어려울수록 학생들은 더욱 더 열심히 공부해야한다. **교육의 목적은 개인적으로는 개성을 살리고, 개인의 능력을 최대한 발휘하게 하는 것이며, 국가적으로는 인재를 양성하여 도덕적으로 건강한 사회를 만드는 데 있다.**

따라서 한국의 젊은이들을 엘리트층으로 키워가기 위해 올바른 교육이 무엇인지 교육부는 깊이 연구해야 한다.

“ 한국의 교육정책만은
남의 나라 교육제도를
그대로 받아들일 게 아니라
우리의 문화와 풍토에 맞아야 하고,
인생경험이 풍부한 교육전문가에 의해
새롭게 태어나야 한다 ”

대학에서 신입생 수련회가 왜 중요한가?

취업 후 사회생활에 잘 적응하기 위해서는 대학생활이 매우 중요하다. 대학생활의 첫 출발이 신입생 수련회라고 하는데, 형식적인 신입생 환영회는 별 의미가 없다.

따라서 대학 차원에서 교수와 학생들이 신입생 수련회를 보다 차원 높게 추진해야 한다. 내가 몸담았던 대학의 디지털전자과에서 1980년대 초부터 지금까지 실시하고 있는 신입생 수련회의 실시 방식을 소개하면 다음과 같다.

(1) 입학 후 2주 이내에 학과별로 수련회를 실시한다.

(2) 이 행사는 스케줄에 따라 2~3일간 진행한다.

(3) 장소도 프로그램에 맞는 곳으로 정한다.

(4) 프로그램의 내용은 학교생활 안내, 동기들과의 대화(자라온 환경, 진로, 취미활동 등), 지도 교수와의 대화, 선배와의 대화 및 강연(선배들의 성공 및 실패 사례), 분임토의(학과에서 정한 주제) 및 발표, 레크리에이션, 교양강좌, 극기 훈련 등이 있다.

신입생들은 전공이 같은 선배들의 성공 및 실패 사례를 직접 들음으로써 자신의 진로를 결정하며, 동기들과의 대화를 통해 동료 의식을 깊이 다진다. 분임토의는 4~5명을 한 조로 구성하여, 분임토의 발표 시간에 조별 발표를 해서 시상한다.

교양 강좌는 신입생들에게 학교생활과 사회생활을 함에 있어 직접 도움을 준다. 극기 훈련은 체력과 지구력을 단련하기 위해서 실시한다. 행사가 끝나면 1주일 이내에 지도교수가 학생들이 제출한 수련회 소감문을 검토해 다음 수련회 시 참고자료로 이용한다. 끝으로 교양강좌의 한 예를 들어보겠다.

주제 : 기술인으로서의 인문학과 경제마인드

우리 사회는 농경 사회에서 산업 사회로 넘어온 지 오래이다. 민주주의를 실천하는 사회철학을 배우기 위해서는 인문학 강좌가 필요하다. 나보다 상대방을 배려할 줄 알고, 공공질서가 더 중요하다는 것을 알면서 경쟁사회에서 살아가야 한다.

나보다 가족을, 가족보다 직장을, 직장보다 나라를 더 소중하게 생각할 때, 민주주의를 실천할 수 있고, 대학 교육을 받는 의미가 있다고 하겠다. 지금의 우리 사회에는 젊은 층의 취업난, 중년층의 조기 퇴직, 노년층의 노후가 준비되지 않은 상황에 있다.

그리고 일본과 중국 사이에서 우리 한국의 미래도 불안하다. 다가올 한국의 밝은 미래를 설계하기 위해 신입생으로서 무엇을 고민해야 하는지를 함께하는 자리가 되어야 한다.

지금은 잡스처럼 융합기술자가 앞서가는 시대다. 기술을 모르면 CEO가 될 수 없고, 현장에만 매달리는 기술자도 성공하기 힘들다. 기술자도 인문학의 이해, 경영마인드, 글로벌 감각까지 갖추어야 한다.

따라서 교과과정도 시대의 변화에 맞게 변해야 한다. 창의적인 기술경진대회, 창업지원, 기타 경진대회도 늘려야 하고, 학생들이 이와 같은 기술교육에 흥미를 갖도록 정부는 대학과 협력해가야 한다.

그리고 젊은이들은 일본이나 중국에서 복지국가로 건설하는 법을 기꺼이 배워야 한다. 일본의 나이 들어 퇴직한 사람들은 결코 초라한 노인이 아니라, 젊을 때 벌어놓은 재산이 많은 재력가들이다.

일본의 실물거래는 적자지만, 순 국제투자 자산 규모가 3조 달러보다 많아 대규모 정부 부채에도 버틸 수 있다. 중국도 성장속도가 줄고 있지만 젊은이답지 않게 재산을 모을 줄 알고, 4조 달러 이상의 순 자산 규모를 확보하고 있다. 중국이

짧은 기간 내에 자산을 모을 수 있었던 비결은 위안화의 저평가에 있다.

우리는 경상수지 흑자를 낸 중국의 선견지명을 배워야 한다. 한국의 화려했던 고성장시대는 가고 저성장의 선진국을 따라가고 있다. 따라서 시급히 해결해야 할 과제는 발 빠른 저성장 속도를 늦추고 자산을 늘려가는 것이다. 다시 말해 경제성장 잠재력을 끌어올려 경상수지 흑자 폭을 늘려야 한다.

성장과 경상수지를 동시에 늘리려면 수출을 획기적으로 늘려야 하는데, 내수주도형 성장만으로는 경상수지 악화를 가져올 뿐이다. 우리는 일본이나 중국과는 다르다. 따라서 수출 시장을 늘리려면 대기업은 물론 중소기업도 함께 해야 한다.

정부가 규제보다 경쟁을 심어줌으로써, 기업이 해외 시장을 개척하고 살아남을 수 있도록 독려해야한다. 이를 통해서 고용도 증가하고 글로벌 시장도 늘어나게 될 것이다.

이러한 내용을 갖춘 신입생 수련회를 통하여 대학은 세계경제에 맞서 경쟁하기 위한 인재를 키워야 하고, 젊은이들은 자신의 진로를 잘 선택해야 한다. 첫 발을 내딛는 신입생에게 수련회는 매우 중요하므로 대학과 정부 차원에서 신입생 수련회를 적극 권장하고, 수련회 방법도 끊임없는 연구가 필요하다고 하겠다.

" 신입생 수련회는 자신의 진로를 결정하고,
긍지와 자부심을 갖고 학교생활을 잘할 수 있게 하며,
나아가 국가가 필요로 하는 인재를
양성하는 데 도움을 준다 "

한국의 딸들에게
바라는 마음

한국의 남성들이 개별적으로는 우수한 소질을 타고 나지만, 사회생활에서 대부분 실패하는 까닭은 한국의 어머니들 탓이다. 바로 어머니가 아들에게 가르쳐야 할 덕목을 빠뜨렸기 때문이다.

아들에게 '잘 한다, 잘났다' 라며 우리 어머니들이 칭찬만 하고 비판적인 말을 꺼려한 반면, '잘 못한다, 그러면 안 된다' 라고 말한 아버지는 외면당하고 가족으로부터 멀어졌다.

따라서 자식들이 보다 큰 사회에 나왔을 때, 성인으로서의 대범한 자세를 갖지 못하고 자신에게 충고하는 사람을 미워하고 실망시킨다. 선의의 경쟁도 어떤 이유에서든 용납 안 되고, 항상 자신이 어느 누구보다도 뛰어나다고 생각한다.

어머니가 자식에게 따끔한 나무람과 충고를 할 때, 그 자식은 자신의 감정을 다스릴 줄 아는 법을 배운다.

사실 여부를 따지고 보면, 어디 그것이 우리 어머니들의 탓일까? 장가 간 아들은 자기 집 식구고, 시집 간 딸은 남의 사람이라는 생각은 밭 갈고 김매던 농경사회의 유물이었다. 그 농경사회에서는 부모들이 논밭을 팔고, 막대한 빚을 내서라도 맏아들을 대학에 보냈다.

부모는 장남에게 자신의 노후의 삶은 물론 제사의 짐까지 지웠다. 반면 딸을 향한 관심은 적어서 초등학교조차도 보내지 않아 이름 석 자도 쓸 줄 모르게 하였고, 심지어 결혼한 딸은 출가외인이라고 생각했다. 그리고 그렇게 그 딸들은 우리 어머니와 할머니들이 되었다.

그러니 우리 어머니와 할머니가 아동교육이나 교육심리학에 대한 지식이 있을 리 만무하다. 결국 우리 어머니들이 아니라 딸들을 냉대했던 부모들이 이 사회를 병폐로 만들어놓은 것이다.

정작 그 맏아들 역시 부모가 돌아가실 때까지 효도를 하고, 동생들의 교육은 물론 가정의 모든 짐도 책임져야 했다. 보통 20대 후반에 취업한 맏아들은 낮은 봉급으로 부모의 생활비와 동생들 학비, 자녀들 양육비와 교육비까지 부담해야 했기에 훗날에도 빚을 진 채 살아가야 했다.

그래서 맏아들은 생계 때문에 자식들의 교육을 소홀히 했기에 자식들 앞에 설 면목이 없다. 오늘날 60대보다 나이 많은 아버지들의 서러움도 마찬가지로 이 사회가 만들어놓은 셈이다.

1970년대 산업사회가 성숙해지면서 점차 딸의 선호도가 높아지기 시작했고, 21세기에 들어서는 '딸이 좋아' 라는 말이 굳어졌다. 또 21세기는 페미니즘(Feminism)의 시대가 왔다고 해도 좋다.

지금은 음기가 강한 시기를 맞고 있다. 불과 반세기 만에 한국의 남성들은 여성에게 상당수의 지위를 빼앗겼다. 일례로 여학생들의 학업성적은 계속 좋아져서 사회전반에 걸쳐 상위 직책과 직업을 택할 수 있게 되었다. 따라서 미래 한국의 어머니가 될 여성들의 책무가 더욱 무거워졌다. **젊은 여성들이 아동교육과 교육심리학은 물론 올바른 가치관을 가져야 자녀를 사회가 요구하는 인재로 키울 수 있다.**

그렇다면 지금의 대학교육은 어떠한가? 정부는 올바른 교양교육을 바라지만 대학에는 직업 중심의 교육이 대부분이다. 그 이유는 졸업생의 취업률이 50%도 안 되는 대학이 절반 이상이기 때문이다.

그렇다고 대학을 나무랄 수만도 없다. 대학의 목적은 종합적인 사고를 갖는 인재를 양성하는 데 있다. 특히 대학이 직업 교육

보다 교양 교육에 무게를 둘 때, 여성상위시대를 맞아 한국의 미래가 밝아질 것이다.

"페미니즘의 시대를 맞아 서양 어머니들처럼
자녀들을 따끔히 나무라고 가르칠 때,
자식들은 감정을 다스리는 방법을 배우고
사회에 잘 적응하여
나아가 대인으로 성장할 수 있다"

2장

자연과학을 통한 인간의 깨달음

지구는 달과 함께 태양의 주위를 46억 년간 돌고 있다. 이 현상은 지구가 하나의 생명체로서 살아남기 위함이다. 지구의 수명을 130억 년으로 보면 지구는 아직 청년인 셈이다.

세계기후변화위원회(IPCC)의 주장에 따르면 지구의 축은 22.1도에서 24.5도 사이에서 변화하며, 지구는 41,300년의 주기로 빙하기와 온난화를 반복한다고 한다. 이 또한 지구가 살아남기 위한 몸부림이며, 태양계만 하더라도 수천억 개의 별들이 각기 살기 위해 질서정연하게 태양의 주위를 돌고 있다.

물이 기체, 액체, 고체 3가지 형태로 순환하듯, 인간도 과거, 현재, 미래라는 삼태(三台)를 거치면서 살아간다. 우리는 자연에서 그 이치를 깨달을 수 있으며, 조류독감이나 광우병 등을 통해 질서를 파괴하면 인간도 그 대가를 받는다는 사실도 깨달을 수 있다.

인간은 탐욕, 증오 그리고 무지에서 죄를 짓는데, 이들 중 무지에서 가장 많은 죄를 짓는다고 하는 이유는 인간 스스로 타고난 아집을 버리지 못하기 때문이다.

따라서 모든 일에 충실하고 중도를 걷고, 남의 것을 탐하지 아니하며 반성하는 자세로 살아가는 것이 행복한 삶이요, 깨달음으로 가는 자세이다.

지구 온난화는 왜 생기는 걸까?

우리의 일상생활 그 자체가 지구 온난화의 주범이라고 할 수 있다. 그래서 많은 나라에서 녹색혁명을 통하여 지구 온난화를 막기 위해 세계보건기구에 도움을 요청하고 있다.

그러나 실제로는 태양을 향해 기울어져 있는 **지구축의 기울기 변화를 지구 온난화의 주원인으로 보고 있다.** 그 외에 태양방사, 해수염도, 해류순환, 우주광선 및 수증기량의 변화가 원인으로 추정되고 있다.

이처럼 지구축의 기울기 변화가 지구 기후의 변화에 영향을 미친다고 보는 것이 **'밀란 코비치의 이론'**이다. 지구축의 변화는 약 41,300년을 한 주기로 22.1도에서 최고 24.5도 사이를 왕복하며 그 변화폭은 2.4도이다. 기울기가 가장 적은 22.1도에서 지구의 북반구는 겨울에 일조량을 많이 받고 여름에 일조량을 적게 받아 따뜻한 겨울과 서늘한 여름을 체험하게 된다.

따뜻한 겨울에는 대류의 흐름이 활발해지므로 눈이 많이 오고, 시원한 여름에는 눈이 적게 녹는다. 그래서 북반구에 눈이 더 많이 쌓이므로 빙하기를 맞게 되는데, 지금은 지구축의 기울기가 23.4도이며 기울기가 작아지는 쪽으로 변화하고 있다.

그래서 시대의 큰 흐름으로 볼 때, 서서히 빙하기를 향해 지구가 접근하여 1만 2천년경에는 빙하기의 최고점에 도달할 것으로 추측하고 있다. 그래서 일부 천문학자들은 지구가 서서히

냉각기로 접어들고 있다는 주장을 하고 있다.

오늘날 녹색혁명을 통하여 지구 온난화를 근본적으로 막아보겠다는 것은 지나친 반응일 수 있지만 그와 같은 주장도 매우 중요하다. 2007년 기후변화위원회(IPCC)에서도 지구 온난화의 주범이 이산화탄소(CO_2)라고 결론짓지 못했다.

이산화탄소가 지구 온난화를 가져온다기보다는 지구의 표면온도가 상승하면서 대기 중의 이산화탄소가 늘어난다는 말이 올바른 표현일 수 있다. 그렇다고 해서 이산화탄소를 마음 놓고 발생시켜도 좋다는 의미는 아니다.

지구 온난화의 주범이 이산화탄소가 아닌, 4만년의 주기로 변하는 지구축의 기울기라는 어쩔 수 없는 상황이라면, 지구로서도 확실히 필요한 주기일지도 모른다. 다시 말해, 우주의 만물 그 자체가 살아남기 위한 필수적인 변화일 것이다.

그리고 지구를 깨끗하게 보호하는 것은 인류가 후손을 위해서

꼭 지켜야 할 의무이다. 이산화탄소가 지구 온난화의 주범이 아니라고 하더라도 유해가스나 오염물질을 배출하고 자연을 파괴하는 일은 지구 환경을 계속해서 훼손하는 것이다.

덜 쓰고, 덜 먹고, 덜 버리는 일이 우리들의 후손을 위해 전 세계가 녹색혁명으로 나서는 길이다.

" 인간의 의지에 의해
하나뿐인 지구를
살릴 수도 있고 파괴할 수도 있다.
그래서 인류는 후손을 위해
지구를 깨끗하게 보호해야 할 의무가 있다 "

만물의 이치를 깨달아야

우리는 봄, 여름, 가을 그리고 겨울의 사계절을 가진 나라에 살고 있다. 지구는 지축을 중심으로 자전하면서 동시에 태양의 주위를 공전하고 있는데, 이로 인해 밤과 낮이 되풀이되고, 사계절이 반복된다.

그리하여 삶에는 생동감이 불어넣어지고, 동시에 끝없는 생명의 순환도 느낄 수 있다. 사람이 산소를 들이마시고 이산화탄소를 내놓으면, 숲과 나무는 이산화탄소를 들이마시고 산소를 내놓는다. 이 또한 산소와 이산화탄소에 의존해서 인간과 자연이 서로 도움을 주면서 살아가는 이치다.

장마가 시작되어 많은 빗물이 강을 따라 바다로 흘러가면, 태양이 내리쬐고 기온은 급상승하여 그 많은 빗물을 거두어간다. 태양이 습기를 하늘로 데려가 구름을 만들고, 구름이 비를 만드는 상호작용을 가능케 하는 것이다.

태초에 태양계가 형성되는 과정에서, 지구는 다른 행성들처럼 태양으로부터 이탈한 하나의 별똥별이었다. 이러한 가설을 운석설(隕石說)이라고 하는데, 그 외에도 지구 탄생 가설에는 성운설(星雲說)과 조석설(潮汐說)이 있다.

지구의 탄생도 중요하지만, 지구가 시간과 공간을 초월해서 달과 더불어 자전과 공전을 하고 있다는 사실도 중요하다.

이러한 지구의 자전과 공전은 곧 힘에 의한 논리인데, 우리들은 이러한 힘을 인력이라고 정의한다. 특히 동양 철학에서는 인력을 음과 양의 생성 발전이라고 보는데, 이것을 음양설(陰陽說)이라고 하며, 우주 창조론의 기틀로 삼고 있다.

이렇게 탄생된 지구가 우주 공간에서 자전과 공전을 반복한 지 46억 년이 지났는데, 지구의 수명을 130억 년으로 본다면 아직도 청년인 셈이다.

지금으로부터 약 30억 년 전, 협기성 박테리아와 녹색 해조류가 광합성을 통하여 이산화탄소를 태워 산소를 만들었다고 한다.

이때 산소와 질소의 비율이 2 대 8이 됨으로써 인간의 탄생을 도와주었다. 산소의 비율이 질소보다 높으면 인간은 36.5℃의 체온을 유지하지 못하고 불에 타 죽고, 질소의 비율이 상대적으로 더 높으면 질식해서 죽는다. 이러한 자연의 신비함과 섭리에 관해서는 이것이 전부가 아니다.

한국과 일본을 펜과 칼로 비교하는 것은 선비 대 무사와 같은데, 이 양극적인 비교는 지형의 차이에서 온 것으로 본다. 일본의 산천은 태산준령과 급류를 이루고 있는가 하면, 한국의 산천은 자연과 더불어 살기에 좋은 지형이다.

중국 함양의 아방궁은 만 명 이상을 수용할 수 있고 조형미를 갖춘 궁전인가 하면, 우리 서울의 궁궐 규모는 크지 않아도 조각과 정원이 자연과 조화를 이루어 매우 아름답고 그 섬세함 또한 뛰어나다.

이처럼 지형의 차에 따라 두 나라의 문화의 차이를 알 수 있으며, 언어를 비교해볼 때 한자의 상형문자와 한글의 성음문자에서도 그 차이를 알 수 있다.

후지산을 중심으로 산천을 이룬 일본은 무사(사무라이) 정신을 갖고 있고, 우리 한국은 수려한 산과 들로 매우 아름다우나, 국토의 70%가 산으로 둘러싸여 거시적인 안목이 없다. 또한 삼면이 바다로 이루어져 외침을 받기 쉽다.

따라서 우리는 우주 탄생의 신비함과 생명 순환의 이치를 깨달아야, 우리의 문화와 문명을 더욱 발전시킬 수 있고, 찬란한 한국의 미래를 설계할 수 있을 것이다.

“ 우리는
우주 탄생의 신비함과
생명 순환의 이치를 깨달아
문화와 문명을 발전시켜야 한다 ”

식사를 하면서 왜 고마운 마음을 가져야 하나?

영양학은 '생명이 그 개체를 양육하는 일을 경영하는 학문'이다. 과거에는 아이들이 건강을 위해 충분한 영양을 취해야 체력을 증진할 수 있다는 것이 영양학의 지론이었다. 그러나 그 지론으로 인해 어린이들이 과하게 영양을 섭취하여 비만증에 걸리는 경우가 발생하고 있다.

한편 자신의 육체, 즉 몸매를 중시하는 젊은 여성들은 비만을 두려워한 탓에 지나치게 소식(小食)을 하고, 자외선으로 인해 기미가 생기지 않게 얼굴마스크를 착용하기도 한다. 그러나 이러한 행동 때문에 오히려 적당한 영양과 햇빛이 부족해져서 골다공증이 생기거나 몸의 내성이 약해지게 되었다.

이렇듯 육체를 위시한 잘못된 영양학의 지식이 이러한 안타까운 풍경을 만들고 있다. 과거 영양학에서는 육체의 성장과 생존을 위한 영양 섭취만을 중시하고 있지만, 사실 중요한 것은 바로 마음이다. 즉 육체와 마음이 다함께 건강할 때, 진정으로 건강한 것이다.

따라서 건강한 마음을 기르기 위한 첫 걸음으로서, 부모들이 아이들에게 식사 전에 감사한 마음을 갖도록 교육하는 것이 매우 중요하다.

옛날 사람들은 식사할 때 밥풀 한 알도 소중하게 여겼다. 그 이유는 먹을 것을 구하는 것뿐만 아니라 먹는 일 자체도 지금처럼 쉬운 일이 아니었기 때문이었다.

또한 인간은 스스로 생명을 유지하지 못하며, 다른 생명들을 잡아먹어야만 생명을 유지할 수 있다. 그러므로 물고기, 소, 돼지, 닭 등의 많은 생명이 우리와 하나 되는 것에 대해 감사하고 참회하면서, 죄를 용서받아야 한다.

무엇보다도 우리는 살기 위해 먹는 것이므로 배불리 먹어서는 안 되고, 그럴 필요도 없다. 대신 밥상이 차려지기까지 많은 사람들이 흘린 피와 땀이 있었다는 것을 생각하면서, 감사한 마음으로 대해야 한다.

절에 사는 스님들의 식사는 매우 간소한 소찬이지만, 스님들의 안색은 좋으며 장수하는 스님들도 많다. 그 이유는 스님들이 식사에 감사한 마음을 가지고 있기 때문이다. 이와 같은 사실에서 음식을 먹는 사람의 마음가짐이 중요하다는 것을 알 수 있다.

결론적으로, 우리가 먹는 것에도 다른 생명을 빚지고 있는 것이므로 감사하게 생각해야 하며, 그 마음가짐을 가진 채 식사

를 해야 진정으로 건강하다 할 수 있다.

" 육체를 건강하게 하려면
음식에 대한 고마운 마음을 가져야
진정한 건강을 유지할 수 있다 "

아집이 인류를 멸할 수도 있다

인간은 아집이라는 틀 속에서 태어난 본성을 갖고 있는데, 이것이 우리를 불행하게 만들 수 있다. 예컨대 아집으로 서로 간에 불신이 생기고, 국가 간에는 전쟁이 일어나고, 인간의 행복과 인류의 평화도 불가능하게 하여 인류를 파멸시킬 수 있다.

그러나 인간의 아집은 무아의 경지와 대조적인데, 이것은 자연의 법칙이자 필요악이다. 곤충은 박테리아를 먹고 살고, 작은 동물은 곤충을 먹고, 큰 동물은 작은 동물을 먹으며, 인간은 식물과 동물을 먹고 사는데, 결국 인간은 박테리아에게 먹혀 죽는다. 이것이 자연의 법칙이다.

생태계 파괴로 동식물이 죽어가고, 인간은 조류독감과 광우병으로 고통을 받고 있다. 이를 보아도 인간이 자연의 법칙을 거역하지 말아야 하는 이유가 명백해진다. 그러나 대부분의 사람들은 그와 같은 상식을 저버리고, 하늘의 뜻을 거역하면서 살아가고 있다.

인간이 모르고 살아가는 두 가지 사실이 있다면 그것은 시간과 공간일 것이다. 우주의 공간과 시간을 잴 수 있는 기준은 광년(光年)이며, 1광년은 빛이 일 년 동안 지나가는 거리이다. 빛의 속도는 1초에 30만㎞이며, 지구를 7바퀴나 돌 정도이다.

태양계의 장축이 약 10만 광년이고, 이러한 태양계 내의 별들의 수는 1000억 개 이상이라고 한다.

지구와 태양과의 거리는 1억 5,000만㎞으로, 광속으로도 약 8분이 걸리며, 또 지구가 태양의 주위를 1회전하는 데 걸리는 시간은 365일 5시간 49분 12초(365.2425일)이다.

태양을 중심으로 별들이 에너지에 의해 정확하게 자전과 공전을 하는 것이 놀라운 사실이며, 이는 아인슈타인의 상대성 이론으로도 증명되었다. 자연이 우연하게 형성되었다고 보기에는 많은 의문점이 있다.

그 예로 태양의 자외선으로부터 지표면에 동물과 식물들을 보호하기 위하여 성층권 안에 오존층을 두고 있다. 보통산소는 자외선의 에너지를 받으면 발생기 산소가 생기고, 이 발생기 산소는 보통산소와 결합하여 오존이 된다.

오존이 태양의 단파자외선을 흡수하는 덕분에 지표면에 살고 있는 동식물들은 자외선으로부터 보호받는다. 이처럼 우리 인간은 창조주에게 크나큰 은혜를 받고 있다.

또한 바다는 생명이 탄생한 근원지로 알려져 있는데, 바닷물의 염분은 사람의 혈액 농도와 같으며, 또 인체의 70%는 물인데 지구 표면의 70% 역시 물로 구성되어 있다. 이 또한 자연의 신비함을 더해주고 있다.

인간은 빙하와 홍수로 인한 고통을 극복하면서, 점차 만물의 영장으로 성장해왔는데, 이러한 시간과 공간 속에 우리가 존재하고 있다는 점에서, 과연 창조주가 없다고 할 수 있을까?

따라서 우주의 오묘한 질서와 창조주의 법칙을 무시하고 인간의 아집으로 자연을 파괴한다면 인류는 살아남을 길이 없다.

" 사람은 자연의 일부이며,
자연과 더불어 살아간다.
그래서 인간이 자연의 법칙을
거역하지 말아야 하는 이유가 명백하다 "

인간은 왜 고통을 겪으며 살아가는가?

이 세상에 태어난 첫 번째 목적은 카르마의 수정, 즉 업을 고치는 일이며, 다시 말해 성격의 결점을 고치는 일이다.

아주 가난한 집에서 태어난 사람은 인욕의 미덕을 배우고 영혼을 강인하게 연마하라는 과제를, 재벌의 아들로 태어난 사람은 겸손한 태도를 갖고 자비를 베풀라는 과제를 안고 태어난 것이다. 그렇지 않으면 자신의 영혼을 성숙하게 만들지 못한다.

또 자신을 괴롭히는 사람이 주변에 있어야 남을 용서하는 마음을 배울 수 있다. 따라서 지금 겪고 있는 모든 고통과 시련들은 저 세상에서 이 세상으로 와서, 자신의 마음을 연마하는 데 필요한 학습 자료인 셈이다.

더 이상 필요한 것도 없고, 우연이라는 단어도 우리에겐 없으며, 단지 **내가 처한 이 환경은 내가 택한 최고의 실습장이다.** 이것이 곧 하늘의 명령이요, 나의 숙명이다. 결론적으로 내 주변에서 나를 괴롭히고, 미워했던 많은 사람들이 나를 수련시키는 스승인 것이다.

나를 괴롭히는 일이 있을 때, 내 마음을 들여다볼 수 있고 또 자신의 성격을 알 수 있다. 직장에서 나를 괴롭히는 사람이 사라지면, 또 다른 사람이 곧 등장한다. 이때야말로 인내심을 갖고 지혜롭게 문제를 해결하지 않으면 안 된다.

사람의 성격은 각각 달라 많은 사람들을 만날 때, 우리는 풍부한 인생 경험을 하게 된다. 하지만, **많은 사람들이 나를 괴롭힌**

다고 싫어하고 나를 예뻐한다고 좋아하는 아욕(我慾)으로 본다면, 나의 인생은 실패작으로 끝난다.

" 지금 자신이 겪고 있는
모든 고통과 시련들은
저 세상에서 이 세상으로 와서,
자신의 마음을 연마하는 데
필요한 학습자료이다 "

해탈은 무엇이며 왜 인간은 그토록 해탈을 추구하나?

불도에서는 해탈이란 업의 윤회에서 벗어나는 경지를 말하며, 업(Karma)의 윤회에서 벗어나는 것이 우리 인간이 세상에 태어난 목적이라고 한다. 또한 업을 고치는 일은 성격상의 결함을 고치는 일과 같으며, 우리는 자신의 성격을 고치는 데 가장 좋은 환경에서 태어났다고 한다.

앞서 말했듯이 주변에서 일어나는 일들은 모두 우리들의 학습

자료이고, 나를 미워하고 나에게 고통을 주는 사람들은 나를 깨닫게 하는 스승이다. 그리고 나에게 시련을 주는 모든 상황들도 그러하다.

원수를 사랑하라는 예수의 말과, 원수를 내 부모처럼 공경하라고 했던 붓다의 말처럼 나를 괴롭히는 사람이 있어야 내 마음을 볼 수 있다. 외모를 거울에 비추어보면서 단정하게 할 수 있듯이, 마음은 마음의 거울을 보고 고칠 수밖에 없다. 여기서 마음의 거울이란 상대편의 마음이다.

인간은 죽으면 끝이고, 만남은 우연이며 인생은 만족을 추구하는 장소로 보는 것이 육체의 원리이고, 인간은 영원한 생명체이고 만남은 필연적이며 인생을 영혼의 수련장으로 보는 것이 영혼의 원리다.

그래서 주변의 모든 학습 자료를 육체의 원리와 아욕으로 보면 그 인생은 실패작이지만, 영혼의 원리에 따라 살면 깨달음의 세계로 간다고 한다.

자연은 약육강식의 법칙이자 실상은 자기희생을 통한 최상의 조화를 보여주고 있으며, 윤회는 만물의 순환이다. 이처럼 생명체는 에너지 불변의 법칙에 따라 운동을 계속하고 있다.

이 지상에 존재하는 모든 생명체는 언젠가는 에너지로 기화하여 흔적도 없이 사라져 공중이나 지하에서 에너지로 동화된다. 이때 비록 형태는 없어지지만 다시 생명체로 태어날 때까지 에너지나 의식으로 남아 결코 그 수량은 변하지 않는다.

인간의 영혼도 대자연의 법칙에서 벗어날 수 없다. 왜냐하면 인간도 자연의 일부이기 때문이다. 따라서 영혼은 윤회를 되풀이할 수밖에 없다.

불가에서는 우리가 이 세상에 오기 전에 육체를 얻어 과거의 세상에서 살아온 존재들이라고 한다. 또한 교회 신도들 중에서 가끔 알 수 없는 방언(方言)을 하는 경우가 있는데, 그 말들은 바로 전생의 언어라고 한다.

업의 윤회는 기독교에서 말하는 원죄의 되풀이와 같다. 여기서 원죄란 육체에 매달리는 집착이며, 자기 중심적인 의식이고 오관에 사로잡힌 집착이다.

이 집착은 번뇌를 만들고, 번뇌는 성격상의 결점으로 나타나 결국 욕심, 자만, 불평, 부정, 질투, 시기, 아첨 등 많은 죄를 낳게 한다,

그러므로 원죄에서 벗어나려면, 끊임없이 자신의 결점을 고쳐 가겠다는 노력과 용기가 있어야 한다. 이것만이 원죄에서 벗어나는 길, 즉 해탈의 길이다.

" 잠 못 이루는 병자의 밤은 왜 이리도 길고,
저 산 너머 불빛이 보이는 마을로 가는
피곤한 나그네의 발걸음이 왜 이리도 멀기만 한가?
진리를 깨우치지 못한
어리석은 생사의 발걸음은 길고도 멀기만 하다 "

동반자의 관계

사람이 스스로 만든 작은 공간에 갇혀 사는 이유는 욕심과 집착 그리고 고정관념 때문이며 이들이 곧 고통을 만들어내는 원인이다.

스스로 만든 작은 공간에 갇혀 산다는 것은, 인간이 만든 울타리에 맹수가 갇혀 있는 것과도 같다. 이와 같은 울타리 속에서 헤어나지 못하고 살아가는 사람들이 많다.

스스로 만든 울타리에 갇혀 있으니, 그 울타리가 곧 인생을 살아가는 데 방해가 된다. 결국 **이 세상 모든 고통은 스스로가 만드는 것이다.**

예를 들면, 학교성적이 좋지 않아서, 나의 짝이 미워서, 가방이 마음에 들지 않아서 등등 이 세상의 고통은 스스로가 만들고 있다는 사실이다.

물욕, 명예욕, 식욕, 수면욕, 욕정 등 이와 같은 다섯 가지 욕심에서 인간의 고통이 생긴다. 그래서 재산이나 명예 또는 여색에 집착하거나, 먹는 것을 탐하거나, 시간만 나면 일은 하지 않고 잠만 자는 사람은 사람으로서의 대접을 받을 수 없다.

사람은 무지해서 집착하고 고통을 계속 만들어간다. 그러므로 **이 세상의 삶이 결국 무상하다는 것을 깨닫는다면, 고통에서 헤어날 수 있다.**

당신이 하고 있는 선행은 좋지도 않고 나쁘지도 않지만, 그보다 한 단계 더 높은 수준의 수행이 필요하다. 보탬이 되는 삶이야말로 진정한 삶의 이유이고, 수행을 통하여 내가 누구인지, 인간이 무엇인지를 아는 것도 중요하다. 그것은 바로 당신의 참자아를 발견하는 것이기 때문이다.

그래서 부부는 서로가 자기 자신의 본성에 대한 부족함을 일깨워주고 도의 길을 함께하면서 고통을 덜어갈 때, 진정한 동반자의 관계가 된다.

" 보탬이 되는 삶이야말로
진정한 삶의 이유이다.
그래서 부부는
서로의 본성을 알고 일깨워주는 관계이며
선의 길을 함께 해야 한다 "

행복한 삶의 길이란?

'늘 기도하고, 하나님의 뜻에 따르면 누구나 훌륭한 하나님의 자녀가 된다.' 는 성경의 말씀이 있다. 즉 인간은 하나님의 뜻을 마음속에 간직함으로써 모든 일에 충실하고 중도를 걷고, 남의 것을 탐하지 아니하며 살아가는 것이 종교의 초심이다.

신의 뜻은 대자연의 법칙이므로 시대가 바뀐다고 해서 변하지 말아야 한다. 그러나 불교는 중국을 거쳐 한국으로 들어오면서 변질이 심해졌고, 오늘날의 기독교 역시 원래의 경전과 매우 달라졌다. 따라서 모든 종교가 초심으로 돌아가야 한다.

불도에서는 인간이 과거 세상에서 어떤 사람으로 살았느냐가 중요한 것이 아니라, 현재에 어떻게 사느냐가 더 중하다고 일깨운다. 사람은 죽어서 육체를 버리지만, 죽은 후에도 이 세상에 살 때와 같이 저 세상에서 광 자체(光 子體)라는 육체와 의식으로 살아간다고 한다.

우리가 저승에 가면 이승에서 살던 상념과 행위가 하나하나 드러나게 된다. 그래서 저승의 입구에서 선과 악의 심판을 받고 이생에서 지은 죄를 갚는다고 한다. 이처럼 지옥과 극락은 자신이 만드는 것이므로 책임을 남에게 전가하면 더욱 고통을 받는다.

그래서 행복을 얻는 지름길은 자신이 지은 죄를 확실하게 반성하는 데 있다. 그러나 그것을 판단하는 기준은 자기 자신의 가치 체계에서 생각하는 주관적인 판단이어서는 안 된다. 누구나 공감이 가는 올바른 판단을 해야 한다.

올바른 판단이란
첫째, '왜?' 라는 점을 생각하며,
둘째, 아집을 버리고,
셋째, 사리가 분명하고 논리가 정연해야 한다.

개인과 개인, 집단과 집단 그리고 국가와 국가 간의 전쟁도 아집과 '왜?' 를 생각하지 않아서 일어난다. 그러므로 우리가 아집을 버리고 성격상의 결함을 고쳐갈 때, 개인의 행복은 물론 가정의 화목, 나아가 세계평화를 얻게 된다. 이것이 나를 찾는 길, 곧 행복한 삶의 길이라고 본다.

" 반성하는 자세는
마음을 깨끗하게 다듬어 준다.
이것이 행복한 삶의 길이요, 진리인 것이다 "

3장

21세기 철학의 방향

‘젊을 때 철학을 정립하지 않으면, 나이 들은 후에는 하기 힘들다’는 말이 있다. 뒤집어 생각해보면 젊을 때 철학을 정립하기 쉬운 이유는 ‘왜’를 생각하는 젊은 사고가 맑고 예리하기 때문일 것이다. 동시에 철학적인 사고를 정립하기가 쉽지 않다는 의미이기도 하다.

‘나는 누구인가’라는 하나의 깨달음을 얻기도 쉽지 않은데, 인도 철학자 라마나 마하르쉬는 깨달음에 2가지의 길이 있다고 하였다. 하나는 자아탐구(self inquiry)의 길이고, 또 하나는 헌신(self sacrifice)의 길이다. 그는 이 길이 외롭고 고되며, 긴 고통의 연속에서 얻어진다고 했다.

20세기까지 신학자는 독선적이고 폐쇄적이었으며, 철학자의 삶의 방식도 오만하기 짝이 없었다. 그래서 그들보다는 예술, 의학, 과학 등 거의 모든 학문에 관심을 갖고 이론보다는 경험으로 확증된 레오나르도 다 빈치의 지식이 참된 지식에 가까웠으며 21세기의 철학의 방향이 되었다.

우리나라에서는 고려조의 충신 정몽주, 이토 히로부미를 사살한 대한의 영웅이자 열인 안중근 의사, 대한민국의 경제를 10위권에 올려놓은 박정희 대통령이 우리 역사에 남은, 훌륭한 사회철학을 실천한 철학자라고 할 수 있겠다.

그런 점에서 오늘날 중차대한 법안을 놓고 국회가 자기 진영의 권력 장악을 위해 싸우는 것은 시대착오적인 발상이다. 이는 농업사회에서 산업사회로 급속히 발전하면서 개인보다 직장을, 직장보다 국가를 먼저 생각하는 사회철학을 정립하지 못한 탓이다. 또한 기계문명의 발달과 함께 양극화의 골도 깊어져가고 있다. 늦었다고 생각하는 이 시점에 진정으로 더불어 살아가는 21세기 경험철학을 정립해야 한다.

왜 젊어서 철학에 관심을 가져야 하나요?

20세기의 지성이자 영국의 철학자·논리학자인 버트런드 러셀(Bertrand Russell)은 《왜 나는 기독교인이 아닌가?》라는 책에서 '모든 종교가 초심으로 돌아가야 하는데 그러지 않고, 웅장한 교회 건물 안에서 화려한 옷을 입고 목사들의 설교를 들어야 기도가 잘 되는지 의문이다'라고 했다. 이 말은 기독교에서 '인간은 하나님의 뜻을 마음속에 간직함으로써 모든 일에 충실하고 중도를 걷고, 남의 것을 탐하지 아니하며 살아가는 것이 초심이다' 라고 하는 초심에 대한 불만과도 같다. 젊은이들이여! 행동하기 전에 '왜' 를 생각해보라! 그래야 올바른 판단을 할 수 있다. '왜 사는가?', '왜 나도 대학에 가야 하나?', '왜 철학을 공부해야 하나?' 의 식으로 무언가를 하기 전에 '왜' 를 먼저 생각해보는 것이다. 남들이 하니까 나도 해야지, 남들이 하지 않으니까 나도 하지 말아야지 하는 식의 자기 주관이 없는 삶은 철학이 없는 것이다.

또 다른 예로, 우리나라에 있는 외국인들 중 일부는 '한국사람들이 법을 지키는 것 자체를 싫어한다.' 고 지적한다. 법을 잘 지키지 않는다는 것은 적당주의에 빠져있다는 것이며, 법을 지키는 것은 서로의 편의와 안전을 위한 것이다. 그래서 나라의 법과 질서는 우리 모두가 지켜야 한다.

정부는 경제를 살려 선진국 수준으로 끌어올리는 데 힘쓰고 있다. 그러나 도덕이 부재한 상태에서는 경제가 성장하는 데 한계가 있다. 그러므로 젊은이들은 법과 질서를 잘 지키는 것이, 편하게 살고 선진국으로 가는 길이라는 것을 알아야 한다.

물이 높은 곳에서 낮은 곳으로 흐르는 것은 자연의 이치이다. 물은 고체, 액체, 기체 총 3가지의 상태를 거치면서 순환하여 만물을 살리면서 동시에 자신의 생명도 유지한다.

법을 지켜야 하는 이유는 인간이 사회를 형성하여 살아가면서 서로 편하게 살아가기 위함이다. 즉 법도 자연의 이치와 물의 흐름과도 같다.

물처럼 사람도 과거와 현재, 미래라는 3가지의 상태를 거치면서 살아간다. 이것이 곧 만물의 법칙이고 자연의 이치인 것을 모른 채 눈앞에 있는 이익만을 생각하다보니, 질서를 문란하게 만들고 자신의 육체도 병들게 하는 것이다.

오늘날 문명의 이기와 공해로 금수강산이 병들고 있다. '깨끗한 물이 건강을 만든다.' 법과 질서를 지켜 자연과 깨끗한 물을 왜 지켜내야 하는지를 생각해야 한다.

그리고 잡념이 많은 노년의 시절보다 맑고 순수하고 그리고 냉정한 이성을 가진 젊은 시절부터 '왜'를 생각하면 판단이 더 정확하다.

젊은이들이여! 오늘 하루를 어떻게 보낼 것인가? 그리고 '왜'를 생각하면서 열심히 살아갑시다.

" 철학의 목적은
심오한 지식 습득에 있는 것이 아니라,
인간이 자연을 지배하며
사회를 형성할 수 있는,
살아있는 지식을 모으는 데 있다 "

라마나 마하르쉬가 말하는 인간의 괴로움

인간에게 모든 괴로움이 생기는 원인은 '진정한 나', 즉 진아(眞我)를 모르기 때문이고, '진아'를 모르는 이유는 그릇된 동일시 때문이다.

우리는 우리의 육체를 '진아'라고 잘못 생각하고 있다. 그래서 마음, 즉 생각의 세계를 벗어나야 '진아'를 깨달을 수 있는데, 이 깨달음에는 2가지가 있다. 하나는 자아 탐구(self inquiry)

의 길이고, 또 하나는 헌신(self sacrifice)의 길이다.

자아 탐구의 길은 '나는 누구인가?' 라는 의문의 세계에 몰입하여 마침내 마음의 세계를 벗어난 '진아' 에 이르는 길이고, 헌신의 길은 자기의 모든 것을 신에게 맡겨 버리고, 에고와는 타협하지 않는 길로 돌아가는 것이다.

자아 탐구의 길은 '깨달음' 의 길로 가는 첩경이고, 특별히 이 길을 가기가 어려운 사람들에게만 헌신의 길로 가라고 인도 철학자 라마나 마하르쉬는 권유한다. 그는 '진아' 를 다음과 같이 설명하고 있다.

"뼈와 살로 이루어진 몸은 내가 아니다. 시각, 청각, 후각, 미각, 촉각 등의 감각기관도 내가 아니다. 말하고, 붙잡고, 배설하는 것 등의 운동 동작도 내가 아니다. 호흡을 통한 다섯 가지 기는 내가 아니다. 생각하는 마음이나, 내면에 잠재되어있는 무의식도 내가 아니다. **이 모든 것이 내가 아니라고 부정하게 할 수 있는 각성이나, 컨트롤하는 이성이 바로 '나' 이다."**

이렇게 진정한 '나'를 찾을 때, 모든 슬픔과 괴로움으로부터 벗어나게 된다. 이제 깨달음의 세계로 좀 더 쉽게 접근해 보자. 마음의 세계를 벗어나려면 자아 탐구가 필요하다. 마음에 여러 가지 잡다한 생각이 있으면 생각 하나 하나의 힘이 약해진다. 따라서 하나의 생각만으로 일괄하면 자아 탐구가 쉬워진다. 또한 자신이 '진아'로 과연 갈 수 있는지를 따지지 말고 명상을 계속해가야 한다.

'나 같은 죄인이 어떻게 구원받을 수 있겠는가?' 하고 괴로워해서는 안 된다. 우선 죄인이라는 생각을 버리면 진아로 가는 명상의 힘이 생겨 누구나 성공할 수 있다. 이러한 진리를 알면 탐욕을 버리게 되고 어려운 사람들에게 자선을 베풀게 된다.

자아가 나타나면 모든 것을 얻게 되고, 자아가 사라지면 모든 것이 없어진다. 남들을 높이 평가할수록 좋은 결실을 맺게 되고 가장 훌륭한 수행자가 되려면 짐이 되는 모든 것들을 신에게 맡겨야 한다. 무엇 때문에 편히 쉬지 못하고 짐을 지고 서 있는가? 우리는 집착을 버리고 우리의 내면으로 들어가 진주를 캐내야 한다.

신과 스승은 해탈하는 길을 가르쳐 줄 뿐이지 해탈된 상태를 주지 않는다. 결론적으로 마음이 사라져야 한다는 사실을 알고 나면 더 이상 책에 매달릴 필요가 없고, 자신이 배운 것을 다 잊어버릴 때가 온다고 한다.

현명한 사람은 언제나 그늘 밑에서 들락날락하지 않는다. 현상계를 헤매다가 '진아'를 찾은 후에야 결국 행복을 경험한다. 그래서 우리는 그와 같은 우를 범하지 말아야 한다. 이것만이 해탈에 이르는 자신의 본질을 깨닫는 첩경이라고 라마나 마하르쉬는 우리들에게 가르치고 있다.

" 자아 탐구의 길은 깨달음의 길로 가는 첩경이고,
특별히 이 길로 가기가 어려운 사람에게
헌신의 길로 권유한다 "

- 라마나 마하르쉬 -

거울에 비친 목욕문화

철학자 데카르트는 "나는 생각한다. 고로 나는 존재한다"라고 말했다. 존재한다는 것은 곧 존재하지 않는다는 것과 같다. 존재와 존재하지 않음, 삶과 죽음, 선과 악, 옳고 그름, 이 모든 상대적인 마음이 생각에서 비롯되는 것이며, 생각에서 비롯되는 마음이 고통을 만들어 낸다. 이러한 고통은 곧 깨달음으로 이어진다.

사실을 경험한 후에야 깨닫는 사람을 보통 사람이라 하고, 경험하고도 알지 못하는 사람을 어리석다고 한다. 그렇기에 경험하지 않고도 스스로 깨닫는다면 그 사람은 분명 흔치 않은 사람일 것이다.

이 지구상에는 무수한 전자파와 소음이 있고, 눈에 보이지 않는 미세먼지와 세균도 많다. 또 방송국에서 많은 전파를 전 세계에 보내고 있지만 우리는 전파를 눈으로 볼 수 없다. 그러나 과학을 이용하여 오실로스코프라는 계측기로 보면 그 모양을 알 수 있다.

이와 같이 과학의 힘으로 눈에 나타나지 않는 자연 현상의 모습을 알 수 있듯이 과학은 자연을 이해하는 데 도움을 준다.

우주의 질서도 과학적이다. 지구는 태양의 주위를 질서정연하게 돌고 있다. 그런데 지구가 태양의 궤도를 벗어나면 변화가 일어나고, 인간에게 많은 피해와 고통을 주고 나서야 평형의 원리에 의해 정상으로 돌아간다.

이를 테면 심하게 몰아쳤던 태풍도 그치고 나면 아무 일도 없던 것처럼 바람이 멎고 파도도 잔잔해지면서 원래 상태로 돌아간다.

이제 질서와 과학적인 자연현상을 생각하면서 다 같이 목욕탕으로 눈을 돌려보자.

목욕탕에서는 먼저 몸을 깨끗이 씻은 다음 공동탕에 들어가야 한다. 요즘은 목욕문화뿐만 아니라, 탕의 종류도 건식과 습식 사우나탕, 열탕, 온탕, 냉탕, 노천탕 등으로 다양해졌다.

목욕탕에서는 면도하고, 칫솔하고, 때를 밀고 그리고 오물을 쓰레기통에 버려야 다른 사람들이 불편을 느끼지 않는다.

간혹 비눗물이 사방으로 번져서 다른 사람이 불편해 하는 경우가 있는데, 이는 무질서와 같다. 이 무질서를 자식들이 배우고 나아가 손자, 손녀가 배우게 된다. 이는 부모의 죄가 자식에게 대물림되는 이치와 같다.

이처럼 인간이 기본질서를 지키지 않으면 몸뿐만 아니라 사회도 병들고 결국에는 자연재해와 같은 사건, 사고를 만난다. 이러한 사실들은 '내가 뿌린 죄는 한 치의 오차도 없이 내가

다 받는다' 는 사실을 모르고 있기 때문이다. 그런 점에서 우리가 저지른 죄를 본인이 다 받는다는 사실을 오실로스코프로 볼 수 있다면 좋겠다는 생각이 들곤 한다.

인간은 바보 멍텅구리이며, 오직 모를 뿐이다. 그렇기에 보다 성숙한 자세를 갖고 남을 먼저 배려하는 수준 높은 질서의식을 갖고 목욕문화를 실천하여야 우리 모두가 편하게 살 수 있다.

" 내가 떠난 빈자리는 항상 아름다워야 "

참된 지식이란 무엇인가요?

독선적이고 폐쇄적인 신학자나, 오만하기 짝이 없는 철학자들이 2000년 이상 우리의 삶의 방식을 어떤 방향으로 이끌어 왔는가? 신학자나 철학자들은 피와 땀을 흘린 노력의 대가로 무엇을 얻었는가?

레오나르도 다빈치는 1452년에 태어나 1519년까지 짧은 생을 살면서 예술, 의학, 과학 등 거의 모든 학문에 많은 관심을 갖고, 사변적이고 이론에만 치우친 발상을 무시한 사람이다. 그는 경험이 모든 지식의 근본이며, 경험으로 확증되지 않은 이론은 소용이 없고, 또 그 이론이 체계가 없을 때는 수학적으로 증명되어야 한다고 했다.

그는 기관총, 대포, 잠수함 등을 구상하였으며, 그 외에도 밀라노 사원에 설치된 승강기도 고안하였다. 관찰력, 통찰력 그리고 그것을 뒷받침한 실험 등 이 모든 것들이 지금도 우리 곁에 살아 숨쉬고 있다.

무엇보다 다빈치는 자연과학을 연구함에 있어서는 이성을 가미해야 하고, 이성을 우리에게 이해시키는 도구가 수학이라고 생각했다. **수학은 배가 항구를 떠나 목적지에 안전하게 도달하기 위한 나침반과도 같다.** 그의 생각처럼 수학자나 물리학자들은 실험에 나타난 수치를 이용해 공학의 정의를 내렸다.

흔히 우리는 큰 목소리에만 귀를 기울이고 있지만, 작은 목소리도 다음 세대의 지표수가 되어 역사의 강을 이룬다는 진리를 잊어서는 안 된다.

그래서 경험에다 이성을 가미한 참된 지식이 예술은 물론, 인문학과 자연과학의 필요충분조건인 것이다.

“ 이론적 배경이 없는 실험은
혼란만 초래할 것이고,
실험이 없는 이론은 공허할 뿐이다 ”

멋있는 삶의 철학이란?

한국의 얼을 가진 사람을 우리는 멋있는 사람이라 한다. 광화문 사거리에 이순신 장군의 동상을 보라! 원균의 방해를 받았음에도 불구하고 왜적을 물리치다 목숨을 바친 위인이다.

또 제2한강교를 향해 올림픽대로를 따라가다 저 언덕에 있는 정몽주의 동상을 바라보노라면 마음이 숙연해져 고개가 절로 숙여진다. 이성계가 위화도 회군으로 새로운 왕조를 세우려고 했을 때, 정몽주는 어찌 하였는가?

이 몸이 죽고 죽어 일백 번 고쳐 죽어,
백골이 진토 되어 넋이라도 있고 없고,
임 향한 일편단심이야 가실 줄이 있으랴.

– 〈단심가〉 –

이 시는 정몽주가 자신의 뜻을 담아 이성계의 아들 이방원에게 전한 시조다. 이방원은 끝까지 정몽주의 마음을 돌려보려고 애썼지만 실패했다.

정몽주는 큰 감투나 가정의 평화도 마다하고, 오직 한국의 멋만을 추구한 고려조의 충신이다. 결국 고려는 망했지만 공민왕을 향한 일편단심이 그를 후세에 영웅으로 만들었다고 역사가는 평하고 있다.

그리고 서울 남산공원에 가면 살아서 숨을 쉬는 듯한 **안중근** 의사의 모습을 볼 수 있다. 중국에서도 그를 높이 평가하여 훌륭한 기념관을 지었다.

대한의 영웅이자 열인 그는 민족의 원흉 이토 히로부미를 하얼빈 역에서 사살한 멋있는 한국인이다. **안중근** 의사는 여순 감옥에서 옥살이를 하다 당당히 순국하였고, 의사의 정신을 이어받은 한국은 일제가 36년이나 지배했음에도 죽지 않고 살아있다.

안중근의 어머니는 더욱 위인이다. 아들이 옥중에 있을 때, 어머니 조마리아 여사는 다음과 같은 내용이 담긴 편지를 아들에게 보냈다.

첫째, 어미보다 먼저 간다고 애석하게 생각하지 마라.
둘째, 비겁하게 살아남는다면 저승에서 날 만날 생각 말거라.

눈시울이 뜨거워진다. 아들보다 더 멋진 어머니시다. **오늘날 이 시대를 살아가는 한국 어머니들의 교훈이다.**

일제의 탄압에도 이상재 선생과 안창호 선생, 조만식 선생은 끝까지 대항하며 싸운 영웅들이다. 삶을 풍성하게 만드는 멋은 작은 멋이지만, 나라를 위해 목숨을 바치는 것은 큰 멋이자 위대한 멋이라고 한다. 그래서 우리들은 조상으로부터 이러한 멋과 지혜를 배워야 한다.

세계화를 역사의 소명으로 보는 시각은 부정할 수 없다. 그러나 그 전에 조상들로부터 올바른 가치관과 지혜를 배워 자아실현을 할 때, 우리는 참다운 멋을 실현할 수 있다는 사실을 잊어서는 안 된다.

" 젊은이들이여!
올바른 역사의식으로
조국을 위해 몸과 마음을 바친 위인이나,
한국의 경제를 대국으로 이끌어온
훌륭한 분들과 같이
진정한 멋스러운 삶을 살아갑시다 "

21세기에는
삶의 철학을 바꾸자

일반적으로 두 사람 이상이 모였을 때 사회를 형성한다. 사회는 경우에 따라서 이해가 같은 집단으로 구성되기도 하지만, 거의 대부분이 이해관계가 엇갈리는 사람들의 집단이다. 사회의 최소 단위는 '내'가 되므로 '나'라는 존재는 목숨만큼이나 소중하다.

동시에 사회는 '나'를 포함한 다른 사람들과의 만남이므로 상부상조하며 사는 집단이어야 하는데, 그렇지 못한 집단도 많다.

그렇기 때문에 농경사회는 엄밀한 의미에서 '사회'가 아니라고 본다. 이웃은 있지만 대개 혈연으로 이루어졌으며, 오늘날과 같이 이해관계가 복잡한 집단이 아니기 때문이다.

따라서 종친회와 같은 집단이 지나치게 큰 비중을 갖고 뭉치는 것은, 이해관계가 다른 오늘날의 사회에서는 바람직하지 않다고 보는 것이다.

'나'의 연장선상을 가족으로 끝내고, 가족을 둘러싸고 형성된 사회라는 큰 울타리에서 우리는 모든 문제를 풀어가는 방법을 배워야 한다. 우리는 아직도 규모가 작은 집안에 매달리고, 시야도 좁으며 커다란 나라 살림에 익숙하지 못하다 보니 우리 한국 사람들은 국가보다 가정이 더 중하다고 생각하고 있다.

그것은 **뚜렷한 철학을 정립하지 못하고 근대화에 접했기 때문이다.** 그렇기에 우리는 농경사회를 벗어나지 못하고 있는 것과 다름없다.

'나'는 있지만 '너'가 없는 사회는 진정한 사회라고 할 수 없다. 늦었다고 생각하는 이 시점에서 사고의 변화를 확실하게 해야 한다.

그렇다면 그 방법은 무엇일까? 비록 철학 없이 21세기 정보화 사회를 맞았지만, 우리는 말할 수 있는 자유와 글을 쓸 수 있는 자유를 누리고 있다.

그러나 그 자유도 책임을 지지 않으면 무책임한 자유다. 무책임한 자유는 개인이나 국가에 엄청난 손실을 초래한다. 하고 싶은 말이 있어도 책임질 수 없는 말을 해서는 안 되고, 쓰고 싶은 글이 있어도 사실이 증명되거나 확인된 것만을 써야 한다.

사적인 일은 공적인 것을 위해 있는 것이지만, 공적인 것도 사적인 것을 위해 존재해야 한다. 지금은 농경사회가 아닌 만큼 인간의 행복을 위해 공과 사를 분명하게 구별해야 한다. **"오늘날의 세계는 자기중심적인 이기주의 때문에 위기에 직면하였다"** 고 역사학자 토인비가 지적한 바 있다. **지금의 위기**

를 극복하는 방안은 사적인 문제를 앞세우기 이전에 공적인 문제를 앞세우고, 소중히 여기는 사회를 만들어가야 한다. 이것이 내가 살기 위해 공을 앞세우는 중요한 철학이다.

가정의 문제보다 직장의 문제를 중요하게 여기고, 직장의 문제보다 나라의 일을 소중히 여길 때, 가정도 살아남게 되는 것이다.

오늘날 중차대한 법안을 놓고 국회에서 권력 장악을 위해 정당끼리 다툼을 하는 모습도 시대착오적인 이기주의의 한 예시라고 할 수 있다.

한편 양극화 현상은 커다란 우리 사회의 혼란을 가져올 것이고, 전 세계가 위기에 봉착하게 될 것이다. 기계 문명의 발달로 양극화의 골이 더욱 깊어질 것이고, 우리는 더불어 사는 사회를 잃게 된다. 따라서 고도의 기술도 적절히 조절해서 일자리를 나누어야 한다. 이것도 21세기에 공존하기 위한 사회철학이다. 예컨대 수입이 많은 사람이 더 많은 세금을 내고, 많이 배운 사람이 더 많은 선행을 할 때, 올바른 사회를 만들어 갈 수 있다. 이렇게 함으로써 내가 나를 지킬 수 있고, 우리 모두가 참된 복지를 증진시킬 수 있다. 따라서 세계 속에서 더불어 살아가는 한국을 심기 위해, 21세기에는 삶의 철학을 바꿔야 한다.

" 오늘날의 세계는
자기중심적인 이기주의 때문에
위기에 직면하고 있다 "

- 역사학자 토인비 -

4장

밝은 사회로 가는 올바른 역사의식

일제 강점기를 벗어난 지 10년도 채 되지 않아 우리는 불행한 6.25 전쟁을 겪었다. 이러한 민족의 비극으로 인해 우리나라는 1962년 당시 1인당 국민소득이 82달러에 불과하였으며, 전 세계 120개국 중 끝에서 두 번째로 가난한 나라였다. 그러나 불과 반세기도 되지 않아 세계 10위권의 경제대국을 일으킨 힘은 역사의식을 가진 한국인의 저력을 보여준다.

역사의식이란 한 점 부끄럼 없이 떳떳한 민족으로서 과거를 돌이켜보며 오늘을 살아가고, 냉정하고 이성적인 태도로 내일을 바라보는 의식을 말한다. 그러나 우리는 이러한 역사의식을 잊은 채 1997년 IMF를 겪었다. 세계적인 경제학자 돈 부시는 한국의 IMF를 한 마디로 도덕의 부재(moral hazard)라고 결론지었다. 도덕의 부재는 곧 교육의 부재를 말한다.

또한 우리 사회에서는 이제 40대나 50대에 정년을 맞는 시대가 옴으로써 중년 이후의 삶이 어려워졌다. 하루하루 간신히 살아가는 퇴직자들은 매너리즘에 빠져있고 대인공포증에 걸리기 쉽다. 게다가 페미니즘(feminism) 시대를 맞아 부인과 자식들은 중년 남성의 나르시시즘(narcissism)을 인정해주지 않는다. 그래서 아버지들은 더 고독하고 힘들어진다.

그렇다고 젊은이들의 삶이 좋아진 것도 아니다. 더 심해진 빈부격차와 경쟁체제를 겪어온 젊은이들도 사회에 대한 불평이 많다. 그들에게 지금의 경제적 여건은 불공평하며 미래도 불안하게 느껴진다. 따라서 그들은 공정함, 즉 페어플레이(fair play)가 이 문제를 해결할 수 있으며, 동시에 고령 인구의 증가가 불러올 앞으로의 사회문제도 해결할 수 있다고 본다.

이러한 현실적인 문제를 해결하고자 하면서도, 우리 민족의 지난 찬란한 역사와 역사의식을 잊지 않아야 한다. 한반도에 흐르는 상승기류를 놓치지 말고, 조상들의 위업을 살리면서 공을 앞세우는 사회철학과 하나가 되는 마음으로 살아가면 반드시 밝은 미래가 올 것이다.

IMF에서 얻은 교훈

한국은 반도로 이루어져 있고, 지리적으로 동북아의 교량 역할을 하기에 충분하다. 그래서 오랜 기간 동안 주변국으로부터 많은 침략을 받았다. 2차 세계대전에서 연합군의 승리로 1945년 일제강점기로부터 벗어났으나, 5년도 되지 않아 비극의 6.25를 맞았다.

1962년에는 한국의 1인당 GNP가 82달러에 불과했고, 전 세계 120개국 중 뒤에서 두 번째로 가난한 나라였으나, 반세기가 지나면서 우리의 대도시는 물론 지방중심지까지 빌딩숲으로 변했다.

한국은 우리가 만든 자동차로 홍수를 이룰 만큼 교통체증에 시달리고 있고, 미국을 부러워하지 않는 풍요를 누리며, 세계에서 가장 빠른 경제성장을 이루었다. 이와 같은 급속한 경제성장은 좁은 땅에 비해 인구가 많고, 분단국이라는 이유도 있겠지만, 역사의식을 가진 한국인의 저력이 가장 큰 이유일 것이다.

그러나 1997년 우리는 경제위기로 IMF를 맞아 기업이 도산되어 자살한 기업가도 많았으며, 나라가 온통 빚더미에 앉았다. 이러한 위기에서 온 국민이 단합하여 금 모으기 운동으로 빚을 갚는데 성공했다.

IMF는 왜 일어났을까? IMF가 일어나던 해에 서울대학교 석좌교수로 있던 세계적인 경제학자 MIT 대학의 돈 부시 교수가 한국의 경제실정을 파악한 내용을 보면 다음과 같다.

첫째, 정부가 쓰레기 같은 정책을 남발했다.
둘째, 은행은 음주운전을 일삼아 왔고,

셋째, 대기업은 비정상을 정상이라고 착각했다.

그는 IMF를 정부, 은행 그리고 기업들의 정책 남발과 비정상적인 운영에 따른 결과로 본 것이다. 넓은 의미에서 보면 비정상적인 것도 도덕의 부재요, 정책 남발도 도덕의 부재다. 따라서 우리는 이러한 도덕의 부재를 잊어서는 안 된다.

그런데 지금 IMF가 도덕의 부재로 일어났다는 사실마저 우리는 잊고 있을 뿐만 아니라, 국가적인 어려움을 남의 탓으로 돌리면서 자기 몫 찾기에 급급하고 있어 안타깝다.

조순 전 경제부총리는 2005년 서울대학교 사회과학대학 창립 30주년 기념식에서 "정부의 각종 정책이 제 기능을 잃고 곳곳에서 분열의 골이 깊어가고 있다." 며 정부를 비판했다.

이어 "안개처럼 퍼지는 체념과 무관심 속에서 공동체의 유대를 다지는 데 필요한 최소한의 상호신뢰도 사라져가고 있고, 잘못된 민주정치가 이루어져 모두 제목소리를 내는 바람에 시민의 질서도 사라지고 국민들은 갈 방향을 잃어가고 있다." 고 지적했다.

또 "기성세대는 새로 태어난 386세대의 준비부족을 탓하고 있지만, 386세대가 등장한 것은 바로 기성세대란 사실도 인정해야 한다.' 고 기성세대에게도 일침을 가했다.

우리 사회는 중산층의 몰락으로 인해 양극화가 심각하고, 교육 평준화에 따른 문제들로 전문가들을 안타깝게 하고 있다. 명문대학에 다니는 학생이 카드빚을 갚으려고 강도짓을 하는가 하면, 젊은이들부터 노년층에 이르기까지 직장을 찾지 못해 매일 40여 명씩 자살하고 있는 실정이다. 초등학생들도 폭력서클에 가입하고 있어 학교가 어려움을 겪고 있다. 더욱 심한 것은 가족끼리 엽기적인 살인사건도 일어나고 있다.

정치적, 제도적 민주화는 이루었는지는 몰라도 민주주의를 작동시키는 능력이 미숙하여 국민들 간의 갈등의 골이 깊어져, 사회의 기반까지도 무너지고 있다.

이러한 제반 문제를 해결하기 위해서는 무리한 수술이나 극약 처방보다는 원인을 찾아 단계적으로 개선해야 한다.

IMF 이후, 우리는 국민소득을 3만 달러까지 달성하는 데 무려 10년 이상이 걸렸다. 설령 3만 달러로 진입했다 하더라도 도덕의 부재로 인한 또 한 번의 곤욕을 치러야 할 것 같다.

우리는 땅이 좁다. 국토가 좁을수록 더불어 살아가는 지혜를 배워야 하고, IMF가 도덕의 부재에서 왔다는 점을 잊어서는 안 된다.

" 총체적으로 보면
IMF는 도덕의 부재에서 왔다는 것을
잊어서는 안 된다 "

나이가 들면 아버지는 왜 더 고독한가?

1950년에 미국의 사회학자인 데이비드 리스먼(David Riesman)이 쓴 《고독한 군중》이라는 책에는 '그를 내가 신뢰할 수 있고 나를 신뢰하는 자가 한 사람이라도 있다면 고독하지 않다'는 내용이 있다. 인간의 신뢰(信賴)야말로 얼마나 고귀한가! 그러나 인간은 이기적인 유전자를 갖고 있어, 아집(我執)이라는 틀 속에 짜여 이 세상에 왔다.

부모는 자식을 위해 모든 것을 바치고, 자식을 잃으면 가슴에다 묻는다. 어머니는 자식을 위해 모든 것을 희생하고 남편보다 더 중하게 여기나, 아버지는 자식보다 부인을 더 사랑하는 사람이 많다. 그래서 자식들은 아버지보다 어머니를 더 따르게 되고 아버지가 나이 들어 고독을 느끼는 것이다.

쌍둥이나 세 쌍둥이도 있지만 인간은 대부분 혼자 태어나서 갈 때도 외롭게 간다. 그래서 인간은 홀로 서기 연습을 해야 한다.

채소를 가꾸기 위해 잡초도 뽑고, 나무도 심고, 콩깍지도 태우면서 자연과 벗 삼아 세월 속에 묻혀간다. 친구들과 대화하여 내가 몰랐던 많은 사실들을 알 수 있지만, 혼자 있을 때의 자신을 돌아보고 자신을 발견하게 된다.

나는 누구인가? 나는 어디서 왔으며, 어디로 가는가? 어렸을 때는 꿈도 크다. 자신이 간직한 꿈을 실천하기 위해 잠도 제대로 못 자고, 때로는 병마에 시달리면서 아르바이트도 마다하지 않는다. 무더운 여름을 지나 영하 20도가 되는 추운 겨울도 잘 견뎌내면서 학창시절을 거쳐 직장생활을 한다.

과거를 되돌아보면 되돌아가고 싶지 않다는 사람들이 많다. 그 이유는 힘들었던 과거로 돌아가고 싶지 않고, 나이 들어서도 꿈과 희망에 대한 미련이 남아 있기 때문이다. 그리고 젊은 이들을 위해 희망을 북돋아주고, 후배들에게 아픔과 고통의 의미도 심어주면서, 홀로 사는 즐거움을 느끼고, 나이가 들면 아버지가 더 고독하다는 말도 나누고 싶어서일 것이다.

" 애지중지 키운 자식들이
하나둘 품속에서 떠나고 나면
여인숙의 잠자리처럼 외로워지고,
언젠가는 홀로 살다가 간다 "

아름다운 마무리

40대가 아니면 50대에 정년을 맞이하는 시대가 옴으로써 중년 이후의 삶이 어려워졌다. 젊었을 때 상사에게 신임을 받기 위해 일에 전념했던 그들이 중간관리자로 머물지 않고 많은 사람들을 통솔하는 최고 관리자의 위치에 서면, 여러 가지 변수로 문제는 달라진다.

50대가 되면 판단이 흐려지고 또 정년을 맞으면 우울증과 같은 쓸쓸함을 맞게 될 수 있다. 이럴 때, 문제를 풀어가는 지혜가 필요하다.

고민은 누구나 하는 것이고 당연히 하는 것이다. 쓸쓸하고 괴로워할 때, 새로운 탈출구가 생기는 것인데 이것이야말로 하느님의 은총이다.

나의 눈높이를 낮춤으로써 더욱 성숙해지고, 또 범사에 감사하는 마음에서 행복해진다. 그리고 독서를 한다거나 친구를 만나 오래 전에 떠난 옛 친구에 관해 대화하는 것도 좋다.

눈앞에 펼쳐진 자연의 풍광과 친구가 되고, 풀 한 포기, 꽃 한 송이와도 대화하면서 어릴 때와는 달리 창조적인 면에 눈을 떠, 멋진 날을 보낸다.

남자는 '남자다움의 병'에 걸려있어 자신의 사나이다움에 박수를 쳐주는 사람을 필요로 하고, 그렇지 않으면 힘을 잃게 된다.

부인과 자식은 나르시시즘(Narcissism)을 보장해 주지 않고, 감시자 역할을 할 뿐이라는 말을 듣기도 한다. 한편 자신을 어딘가 모르게 오만하고, 무능력하면서 가장 능력 있는 사람으로 착각하는 수준 낮은 남자도 있다. 어쨌든 아무 준비 없이 정년을 맞는 아버지가 많다.

오늘도 하루하루 살아가는 많은 퇴직자들은 매너리즘에 빠져 있다. 이렇게 단조로울 때 대인공포증에 걸리기 쉽고 배타적이고 모든 일에 소심해진다. 그래서 로봇처럼 되면서 차츰 어린아이로 돌아간다.

그래서 자식들과 노후를 위해 젊어서부터 열심히 일해 재산을 증식한 후에, 인생의 목적과 수단을 추구하는 데 힘써야하고, 나 자신을 알고 또 깨닫는 일에 몰두해야 한다.

한편 돈과 명예를 위해 힘 쏟던 일, 인격과 심성의 부족으로 남들을 괴롭혔던 일, 이 모든 것을 반성하고 참회하여 용서받아야 한다. 이것이 곧 아름다운 마무리가 아닌가 싶다.

“ 어제가 봄이더니 오늘은 가을이로다.
해마다 달 바꿈이 계곡의 물처럼 흐르는구나.
명리를 구구하게 탐하는 자여
채 회포를 태우기도 전에
공연히 백발만 늘었구나 ”

- 김홍경의 《스승》에서 -

인간은
왜 봉사하며 살아야 하나?

우리는 공기, 물 그리고 햇빛에 대한 고마움도 잊으면서 한 푼의 세금도 내지 않고 대자연에서 살아가고 있다.

또 태양은 1초에 200만 톤의 석탄을 태우는 만큼의 열량을 수십억 년 동안 난방비도 받지 않은 채 잠시도 쉬지 않으면서, 한 마디 불평도 없이 지금까지 우리들에게 보내주고 있다.

그러므로 우리가 혜택을 받은 만큼 자연을 사랑해야 하고, 음식에 대한 감사는 식사 전에 기도로 보답해야 한다. 그리고 한 톨의 쌀알도 아껴야 하고, 음식 찌꺼기는 분리수거를 해야 한다.

마찬가지로 부모에 대한 보답은 효도로서 대신하고, 젊었을 때, 어른을 공경하고 보살펴야 함은 내가 늙고 힘없을 때 부축을 받기 위함이다. 그리고 남을 용서해야 하는 이유는 내가 잘못했을 때 남들로부터 용서를 받기 위해서이다.

또 인류에 대한 감사는 봉사활동으로 갚아야 한다. 왜냐하면 우리는 주변에 많은 사람들 덕분에 의식주를 어려움 없이 해결하여 잘 살아가고 있기 때문이다. 그래서 그 혜택을 받는 만큼 되돌려 주지 않는다면, 빚을 지고 가는 것과 다르지 않다.

옛날 선조들의 삶의 방식은 단순해서 물물 교환으로만 혜택을 주고받았지만, 오늘날은 다양하고 복잡한 방식으로 더 많은 혜택을 주고받으면서 살아가고 있다. 그렇게 많은 혜택을 받으면서도 편하게만 살려고 한다면, 인류는 불균형을 피할 길이 없다.

따라서 봉사하는 자세로 길바닥에 떨어진 휴지라도 줍고, 가정에서는 집안일을 한 가지라도 도우며 살아가야 한다. 작은 일에도 정성을 다하고, 직장에 충실하는 모습이 곧 봉사다. 젊은이는 젊은이다워야 하고, 나이가 많은 어른들은 어른다워야 하는 것도 봉사하는 자세다.

우리 인간은 오직 인간으로서의 도리를 다할 때, 무작위의 봉사활동이 쌓여 비로소 모두가 하나라는 것을 깨닫고, 남을 위하는 길이 나 자신을 위하는 길임을 알게 된다.

" 모든 사람이 많은 혜택을 받으면서
편하게만 살려고 한다면,
인류는 불균형을 피할 길이 없다 "

중산층을 위하여

루소는 "최대의 행복은 권력에 있지 않고 자유에 있다" 고 했다. 즉 행복의 추구란 곧 자유의 추구를 뜻한다.

전제 군주는 자신이 원하는 대로 권력을 행사하였으나, 봉건사회와 군주시대에는 점차 시민이 힘과 실력으로 자유를 얻으려고 했고. 프랑스의 대혁명을 계기로 시민 사회가 나타나 기득권층을 무너트리고, 국민들은 자유를 쟁취해냈다.

우리나라 정부 수립 당시 제정된, 민주주의를 표방한 헌법 제1

조에는 다음과 같이 규정되어있다. '대한민국은 민주공화국이며 주권은 국민에게 있고, 모든 권력은 국민으로부터 나온다.'

그러나 주권이 국민에게 있다 해도 '나'를 제대로 찾지 못하면서 '나'만 살아가겠다면 이상한 꼴이 되고 만다. 이러한 역사의 한 시점에 우리가 서 있는 것 같다.

'나'를 우리는 주체성 또는 주체의식과 같은 어려운 문자로 표현한다. 그러나 민주국가에서 우리가 한국인이라는 사실을 망각하면 역사 앞에 나설 자격이 없다. 따라서 역사는 주체성 없는 민족에게 시간적인 여유는 주지만, 한국인이라는 사실을 잊고 계속 살아간다면 멸망하고 만다.

역사의식이란 **한 점 부끄럽지 않고 떳떳한 민족으로서, 과거를 돌이켜보며 오늘을 살아가고, 냉정하고 이성적인 태도로 내일을 바라보는 의식이다.**

그래서 인류가 오늘날 '역사 없이 살아간다는 것은 존재할 수 없다' 고 하는 말은 분명한 진리다. 따라서 역사를 알아야 가치관이 생긴다. 역사를 모르면 올바른 판단을 할 수 없다. 그래서 우리의 역사에서 긍지와 자부심을 가져야 한다.

어느 정도 자리가 잡힌 민주국가라면, 계층 간의 담이 그리 높지 않아 서민층도 상류층이 될 수 있다는 희망이 있어 삶이 활기차다.

전 국민 중 부유층이 10%, 서민층이 10% 그리고 중산층이 80%로 구성될 때, 이상적이라고 한다. 그리고 중산층이 점차 늘어날 때, 따뜻한 사회가 되지만, 서민층이 20%나 30%로 늘어나면 사회가 불안해진다.

그러나 중산층의 기준은 경제적인 측면보다 국민의 지적수준에 맞추는 것이 더 바람직하다고 하겠다.

독일의 중산층 기준

첫째, 2개 이상의 외국어를 구사할 수 있어야 하고

둘째, 남이 말할 때 끝까지 들어주는 자세를 가져야 하며,
셋째, 남다른 음식을 마련하여 내 이웃에게 대접할 수 있어야 한다.

위의 내용을 참고하여 비록 한국과 독일의 문화와 환경이 다르지만, 한국의 중산층 기준을 세워보자면,

첫째, 내가 소중한 만큼 너를 인정해야 하고,
둘째, 역사의식을 갖고 미래를 바라볼 줄 알아야 하며,
셋째, 남에게 피해주지 않는 질서 의식을 가져야 한다.

지금 우리는 각기 자기 몫 찾기에만 급급하고 있어, 사회질서는 무너지고 양극화의 골이 깊어가고 있다. 이럴 때일수록 역사의식을 갖고, 우리 모두가 중산층이라는 자부심을 가질 때, 사회가 안정될 것이다.

" 역사는 주체성 없는 민족에게
시간적인 여유는 주지만,
한국인이라는 사실을 잊고 계속 살아간다면 멸망하고 만다.
특히 우리는 지리적인 여건으로
많은 침략을 받아온 과거역사를 잊지 말고,
하나가 되는 마음으로
국력을 키워가야 한다 "

왜 지게가 컴퓨터를 지고 가야 하나요?

산업이 발전함에 따라 사람들은 각기 자기 권리를 주장하고 있어, 오늘날 우리 사회는 많은 어려움을 겪고 있다. 그러므로 우리는 개인의 이익에 앞서 공익을 앞세우는 사회 철학을 배우고 실천할 때, 민주시민으로서 자격이 있다고 하겠다.

그런데 나는 한편으로 청소년과 아버지들이 불평하는 소리를 들어왔다. 고등학교를 졸업한 학생이 자신이 원하는 대학에 입학하기란 쉬운 일이 아니다. 설령 원하는 대학에 입학해도 부모님의 도움 없이 학비를 마련하기란 현실적으로 어렵고, 졸업 후에도 취업하기란 쉽지 않다.

눈높이를 낮추어도 취업을 못하는 학생들이 많고, 숱한 자격증을 따고도 취직을 못해 취업 재수생으로 전락하기도 한다. 힘들게 취업해도 월급만으로는 저축이나 자기 집을 마련하기도 힘들며, 또 연애는커녕 결혼은 생각도 못한다. 이러한 상황들이 겹치면서 미래가 불확실해지고, 젊은이들은 용기를 잃고 있다.

반면 아버지들의 불만도 크다. 빈곤한 가정에서 태어난 아버지 세대들은 돈을 벌어서 학비를 마련하기가 어려워 대학입학시험을 포기했다.

그러나 지금은 일 년에 천만 원이 넘는 자녀들의 등록금과 가족의 생활비와 병원비 등을 마련하느라 빚을 지고 사는 사람들이 많다. 그런데도 자녀들이 대학을 졸업해도 절반이 취업을 못하고 있어 부모들은 일시에 허탈감에 빠진다.

부모들은 취업의 눈높이를 더 낮추라고 하지만, 자녀들은 힘든 일을 감당하지 못해 포기하고 만다. 그래서 그들을 몹시 나무라게 된다.

또 70년대 이전의 아버지들은 군에 입대하거나 결혼할 때까지, 한 방에 형제자매가 다 같이 살며 하루에 두 끼를 먹고 지낼 때도 많았다.

그러나 지금은 전세로 살면서도, 경쟁사회에서 뒤지지 말라고 학원이나 그룹 과외를 받게 하고 있고, 결혼할 자녀를 둔 아버지들은 자녀들이 살아갈 전세금도 마련해 주어야 한다.

이런 환경에서 자란 자녀는 어려움을 견디지 못한다. 그래서 부모들은 그들의 독립정신의 부족함에 불만을 갖는다.

또한 부모가 부자인 아이들은 호화스럽게 살지만, 가난한 집의 아이들은 궁핍한 삶을 살아간다. 거기다 심지어 부잣집에서 태어난 아이들은 일도 하지 않은 채 일 년에 배당금으로 수억 원씩 받는다는 사실 때문에 그들은 상대적인 박탈감을 갖는다.

이와 같은 현실에서 부모들은 자녀들의 사고를 무시해서는 안 된다. 어려움이 무엇인 줄 모르게 부모들이 아이들을 키워왔기 때문에 어렵게 살아온 자신처럼 똑같이 힘든 일을 강요하는 것은 잘못된 것이다.

젊은이들은 오늘날 경제적인 여건이 불공평하고 미래는 더욱 불안하다고 본다. 따라서 부모들은 자식들을 이해해야 한다.

부자들은 이긴 자가 모든 것을 가진다는 생각을 버리고, 적절한 세금으로 사회에 환원해야 사회의 젊은이들이 열심히 일할 용기를 갖게 된다.

또한 부자들은 천박함이 없어야 하고, 어려운 사람들에게 기부할 줄 알아야 존경을 받는다. 제도권에 있는 어른들이 기득권을 포기하지 않으려고 온갖 부정과 비리를 저지르면, 젊은이들은 희망과 용기를 낼 수 없다.

정도와 공정함의 페어플레이(fair play)만이 이 문제를 가능케 하는 것이고, 이것이 공익을 앞세우는 사회철학이다. 따라서 컴퓨터 세대가 지게 세대를 지고 갈 것이 아니라 지게 세대가 컴퓨터 세대를 지고 가야 한다.

이렇게 함으로써 신세대인 컴퓨터가 어려운 문제를 풀어갈 수 있어, **머지않아 닥칠 고령 인구 증가로 오는 사회적인 문제를 피할 수 있다.**

*" 고령 인구 증가로 오는
사회적인 문제를 피하기 위해
기성세대인 지게가
아래 세대인 컴퓨터를 지고 가야 한다 "*

찬란한 우리 민족사에 대한 올바른 인식과 각오

우리 조상들은 약 6000년 전 북쪽 시베리아의 바이칼 호에서 남쪽 양자강까지 20,000km, 서쪽 몽골사막에서 동쪽 황해까지 8,000km나 되는 중국의 대평원에서 환웅이라는 나라로 1,565년간 살아온 위대한 조선족이다.

후에 백두산 근처의 아사달로 수도를 옮기고, 나라 이름을 단군조선이라 칭하여 만주 벌판과 시베리아를 2096년간이나 강한 힘으로 통치하였다.

그 후 북만주에 살고 있던 고구려 사람들과 몽골족 등 많은 종족을 제압하여 북부여를 세웠다. 부여 이후에 고구려, 신라, 백제의 삼국시대와 통일신라시대를 거치고 고려와 조선 시대를 지나 오늘에 이르게 되었다.

우리 조상들은 기원전 5000년 전에는 황하 문명을 일으켰고, 기원전 4000년경에는 배달민족으로서 농경족인 중국을 제압하여 대제국을 건설하였다.

우리 조상들인 동이족은 말을 타는 솜씨가 뛰어나, 활동 무대를 만주에서 황해연안을 따라 산동성까지 넓혔으며, 나아가 동북, 동남쪽에 있는 시베리아, 만주, 일본 열도까지 지배하였다.

우리 조선족은 만주 벌판에서 철광과 양질의 유연탄을 쉽게 얻을 수 있었던 덕에 세계 최초로 철제 무기를 만들어 중화민족을 제압할 수 있었다.

따라서 고대 역사는 조선족과 중화민족과의 패권 다툼의 역사였고, 조선족은 내륙을 중심으로, 중화민족은 화산을 중심으로 산악지역에서 생활하였다.

조선족은 상고시대 말을 타고 맹수 사냥을 잘하는 민족이라고 하여 동이족이라 불렸는데, 중화민족은 문자를 발달시키고 인구도 빠른 속도로 늘리면서 조선족을 중국의 대평원에서 서서히 밀어냈다.

삼국시대를 맞아, 신라는 자신들의 국력을 키우기 위해 당나라를 끌어들여 백제를 멸망시켰는데, 이때 중화민족은 만주지방에 살고 있던 우리 동이족을 오랑캐라고 부르며 그들을 조선족으로부터 분리시켰다. 더불어 백제를 멸망시킨 힘으로 신라는 만주 벌판을 차지하고 있던 고구려를 멸망시켰는데 이는 역사적으로 큰 불행이었다.

고구려가 망한 후, 중국은 우리의 찬란했던 상고시대의 역사적인 자료들을 은폐하는가하면, 일본은 1910년 한국을 통치하기 위하여 20여만 권의 조선족의 고대 역사서적을 불태워 버렸다.

동이족의 대표적인 위대한 인물로는 동양철학의 주역을 창시한 복희, 농사법과 한의학을 제창한 신농, 유교를 주창한 공자, 중국 역사상 가장 태평 시대를 이루었던 요 임금과 순 임금, 유명한 병서를 저술한 강태공이 있다.

지금도 중국은 고구려 광개토대왕의 비문까지 없애려 하고 있고, 인구를 늘려 백두산 이남으로 지세를 확대하려고 한다. 또 일본은 2차 세계대전 당시의 야욕을 버리지 않고 있으며, 한반도를 침략의 거점으로 보고 있다.

그러나 한반도에는 우주의 성좌에 대 기운이 일어나고 있어 6,000년의 대주기와 360년의 소주기가 다함께 상승 기류를 타는 시기이다. 6.25 전쟁이 일어났던 1950년이 국운의 최저점이었으며, 이후 국운이 점차 상승하여 지금 한국은 유엔의 이사국에 오르고 세계 10위권의 경제 대국으로 발전하고 있다.

한국은 반도체, TV, 핸드폰 생산기술이 세계 1위이고, 자동차 산업은 세계 5위이다. 2012년 런던 올림픽에서는 5위를 차지했고, 2018년 평창 동계올림픽에서도 7위를 기록했다.

이처럼 우주의 대기운이 다가오고 있다. 이때를 놓치지 말고, 찬란한 우리의 역사를 거울삼아 한국의 미래를 설계해 가면 분명히 밝은 날이 올 것이다.

“ 위대한 조선족이 이루어 놓은
찬란한 역사를 거울삼아,
하나 되는 마음으로
21세기를 준비해 가야 한다 ”

5장

올바른 가족관계란

나는 글짓기를 잘 못하지만, 그럼에도 지금처럼 글짓기를 한다. 왜냐하면 글짓기는 인생행로에 많은 도움을 주기 때문이다. 이처럼 사람은 자신이 태어날 때 가진 모자람을 채우기 위해 살아가는 것 같다. 비록 교육학을 전공했음에도 내가 젊은 시절의 교육의 무지와 아집으로 학생 지도와 자식교육에 실패한 것도 비슷한 맥락인 듯하다.

철학자 소크라테스는 "너 자신을 알라"는 유명한 말을 남겼다. 하지만 내게 이 말보다 더 마음에 와닿는 말은 "그렇게 말씀하시는 스승님은 자기 자신을 알고 있습니까?"라는 제자들의 질문에 그가 한 대답이다.

"나는 내가 모르고 있다는 사실을 알고 있다"

무지의 깨달음이 매우 중하다는 것을 알려주면서도 한편으로 겸손한 말이다.

아이들의 인성 문제는 가정의 몫이다. 오늘날 성격 차이를 이유로 이혼하는 부모가 많은데, 이는 아이들의 가정교육에 치명적이며 가족관계를 파탄시키는 것이다. 또 모든 사람이 가진 개성이 다르기에 성격이 맞을 수 없고, 오히려 부부 사이는 보완적인 관계로서 서로 다를수록 좋다고 생각한다. 그리고 성격이 맞지 않아 다툼과 고통 그리고 인내를 연속한 끝에 자신의 잘못이라는 깨달음으로 이어진다. 한 번도 싸우지 않은 부부가 염라대왕 앞에 가면 염라대왕이 부부더러 많이 싸우고 오라며 돌려보낸다는 농담도 있다. 이러한 고통과 인내로 가는 깨달음이 하늘의 명령일 수 있다.

그러므로 성격이 맞지 않는다고 서로 갈라서는 것은 크게 잘못된 것이다. 동반자와의 만남은 소중한 것이며, 또한 아끼고 보완하면서 서로에게 무지를 깨닫게 하는 교과서이다. 자신이 잘 모르고 있다는 사실을 아는 것이 중요하며, 그렇지 않으면 무지와 경험의 부족으로 자식 교육도 실패하게 된다.

젊은이들이 교육을 많이 안다고 하면 잘못된 것이다. 인생의 긴 여정 속에서 인내하면서 '교육은 이런 것이다'하고 깨달아야 참교육을 알 수 있다. 따라서 학교 교육이나 가정교육도 인생 경험이 풍부한 교육전문가가 필요하다.

올바른 자식 기르기

오늘날 부모들이 자기 자식을 자신의 소유물로 착각하여 자식 길들이기를 강요하는 것은 문제가 있다.

내가 알고 있는 한 여성은 친구의 아이를 만나고 난 후 초조해한 나머지 자식을 낳았다. 그녀는 자식을 자신의 호위병이라고 생각하니 마음이 든든해져, '자식 만들기'를 시작했다. 그리하여 남들이 탐낼 법한 아이로 만들기 위해 아이의 치장을 하고, 호화스런 사립 유치원을 거쳐 초등학교에 보낸 후부터는 질 좋은 아이, 똑똑하고 자신의 신분에 맞는 브랜드 지향적인 아이가 되기를 원했다.

이는 다시 말해 부모의 생각대로, 자신이 바라는 모양으로 아이를 제품화하는 것이다. 어머니가 자식에게 고통을 주고 죄를 짓고 있다는 사실을 모르고 있는데, 그것은 발상부터 잘못된 것이다.

또한 자식이 성년이 될 때까지 부모가 원하는 방향으로 자라주지 않으면, 부모는 실망하게 된다. 한편, 그러한 교육을 받은 자녀 역시 부모의 기대에 미치지 못하면 자식으로서 인정을 받지 못한다고 생각하므로 결국 스스로 포기하고 만다. 결국 자식의 교육은 실패작으로 끝나고 서로의 고통으로 이어진다.

특히 이러한 아이들은 태어나면서 우월감이 강해져, 형과 누나를 눌러 다스리려고 하는 폭군과도 같은 심리를 가지고 있다. **자식의 소질과 능력을 살리지 못하는 부모는 자식을 자기 작품으로 만들려고 하는 의지에 의해 실패하게 된다.**

더 이상의 관심은 쓸데없는 간섭이 되어 자식을 위축시키는 결과를 초래한다. 아이들이 살아가는 데 가장 중요한 것은, 부모로부터 인정을 받는 것이다. 이 세상에서 자식은 부모에게 꼭 필요한 존재라는 것을 부모가 깨닫게 하면 자식은 자신이 부모에게 환영받으며 태어났다고 생각하여, 자부심과 긍지를 갖게 된다.

아이들은 어른들의 생각보다 더 똑똑하다. 그렇기에 물고기를 낚는 방법만 가르쳐주면 되며, 자식을 향한 지나친 간섭은 오히려 부작용을 초래한다. 자식이 무엇을 얼마나 잘할 수 있는지를 찾아 그것을 집중적으로 도와주는 것이 자식을 잘 기르는 부모의 역할이다.

" 자식이 부모에게
꼭 필요한 존재라는 것을 인식시켜주어야 한다.
그래야 자신이 환영받으며 태어났다는
자부심을 가져
무엇이든 해낼 수 있는 힘이 솟아난다 "

모녀와 모자간의 심리학

흔히 딸과 어머니 사이를 두고 아주 잘 어울리는 관계라고 한다. 이 관계는 어려서부터 나이 들어서까지 이어지며, 딸이 나이 40대가 되면 어머니는 60대가 되고, 딸이 50대가 되면 70대의 어머니를 뒷바라지한다.

이를 보면 어릴 때부터 애지중지 키운 딸에게 호강 받고 있다고 말할 수도 있겠다. 일반적으로 좋은 모녀관계로 보일지 모르나 실제로는 그렇지 못하다. 왜냐하면 딸에게는 자신의 인생이 없고, 어머니는 딸이 늘 곁에 있어 고독을 맛보지 못하기 때문에 성숙한 인생을 만들지 못하기 때문이다.

반면에 아들에게 어머니는 어떠한가? 딸과 같은 어울리는 관계가 아닌, 어머니가 아들을 뒷바라지하는 관계이다. 헌신적이고 무조건적인 시중은 아들을 심리적 복종 관계로 만들지만, 딸에게는 사려 깊은 봉사가 된다.

예를 들어, 모녀가 함께 쇼핑을 가서 딸이 화려한 봄옷을 선택하려고 할 때, 어머니는 남의 눈에 띄는 옷은 값이 비싸다고 말한다. 그래서 적당히 튀지 않고, 무게 있는 여성스러운 옷을 선택해야 한다고 충고한다.

그러나 아들이 선택한 옷은 비싸도 경제적인 여건을 무시하고 대충 허락하고 만다. 아들에 대한 어머니의 사려 깊지 못한 봉사가 악순환되는 한, 아들이 사회생활을 함에 있어 감정을 다스리는 힘이 약해지므로 상사나 동료들의 충고에도 반항하게 된다.

선진국의 어머니들은 자신의 권위를 정면으로 내세우면서도 좌우 양 방향을 바르게 가르쳐줌으로써 서로의 공감대를 얻어내도록 지도하고, 자식이 성년이 되면 스스로 학비도 벌어서 공부하게 한다.

그러나 우리 어머니들은 아들의 기를 꺾으면 출세에 지장이 있는 것으로 착각한다. 그리고 자신의 꿈과 야망을 아들에게 기대는 마음이 크다.

따라서 이제 우리 어머니의 따끔한 충고로 무엇이 잘못되고 옳은지를 가르침으로써, 자기감정을 다스릴 줄 아는 자식을 길러야 한다.

" 사려 깊은 어머니의 봉사가
아들에게 감정을 다스리는 힘을 약하게 만들어
독립심과 사회성을 약화시킨다 "

부모가
자식에게 미치는
심리학대 3가지

첫째, 조건부 선물하기

부모의 말을 잘 들어야 자식을 예뻐하는 방식이다. 예를 들어, 자식에게 슈퍼에 가서 두부 한 모를 사오라는 심부름을 시키면서 자식이 좋아하는 과자를 같이 살 수 있게 한다거나, 부모가 자식에게 이번 시험 성적이 몇 점 이상이면 스키복을 사준다고 하는 식으로 아이들이 부모의 기대치를 대행하는 것이다.

그러나 이 방식을 진행할수록 점차 부모의 기대치에 못 미치면 자식은 좋은 선물을 못 받는 것보다 부모에게 사랑을 받을 수 없다는 마음 때문에 깊은 상처를 받게 된다. 자식은 부모에게 인정받지 못하고 사랑받지 못하는 것이 자신의 능력 부족이라고 생각한 나머지, 깊은 수렁에 빠지기 쉽고 사회생활에서 자신의 존재가치마저 잃어버릴 수 있다.

둘째, 사생활 침해

자녀가 독립성을 가질 나이가 될 때, 어른들은 이러한 대목을 이해해야 하고 허용해야 한다. 특히 사춘기에 접어든 자식들은 자기만의 영역을 만들고자 한다. 그런데 자식의 허락 없이 함부로 간섭하는 행위는 자식들에게 중대한 침범에 속한다.

노크도 없이 방에 들어가기, 자식의 허락 없이 책상 서랍 열어보기, 자식의 지갑 열어보기도 모두 여기에 속한다. 이럴 때 자식들은 몹시 싫어하는 나머지, 부모 몰래 제3의 세계를 만들어가므로 부득이한 경우를 제외하고는 자식에게 간섭해서는 안 된다.

셋째, 자녀에 대한 부모의 성교육

부모가 성에 관해서 자식들과 터놓고 대화하는 것은 크게 잘못된 것이다. 어머니가 자녀의 성숙함을 인정하지 않고 사춘기인 자녀와 함께 목욕하는 것은 어처구니없는 침범이자 또 다른 간섭이다.

성에 관해서 자연스럽게 알아가며 학교 교육을 통해 성교육을 받는 것도 좋지만, 친구들끼리 정보를 교환하는 것이 가장 바람직하다. 동물도 가르쳐서 되는 것이 아니고 자연히 알게 되는데, 인간은 더욱 자연스럽게 익혀지는 것이다. 따라서 부모가 나서면 오히려 부작용이 된다는 사실을 알아야 한다.

" 어릴 때 자녀교육은 자녀의 평생을 좌우한다 "

부모에게 저항하는
아이들의 폭력은 왜?

예전에는 아버지가 일류대학을 나와서 사회적으로 어느 정도 지위를 갖고 있고 어머니도 가정을 지키는 주부로서의 역할을 다하고 있다면, 대충 문제가 없는 가정으로 보았다.

그러나 유머 없이 언제나 진지하기만 하고, 모든 사람들로부터 존경받는 삶을 살아가는 부모라면, 자식들은 부담을 갖는다. 이러한 자녀들은 우선 학교 성적이 우수해야 하고 여러 면에서 남들보다 앞서야 한다는 생각을 가지므로, 부모로부터 인정받는 자식이 되어야 하는 부담을 갖게 된다.

인간은 적어도 한 번쯤은 실패하고, 경쟁 사회에서는 남들보다 못하는 분야도 있기 마련이다. 그런데 아이들이 자신들의 기준으로 스스로를 볼 때, 부모를 충족시켜 주지 못하고 있다는 사실을 인정하면 좌절감이 심각해진다.

이러한 환경에 있는 자식들은 학교에서 중간 정도의 성적으로는 부모님을 만족시킬 수 없다는 생각으로 깊은 수렁에 빠진다. 특히 어떤 아이들은 물건을 훔치거나 심지어 집을 나가 아르바이트를 하면서 시간을 보내기도 한다.

또 사춘기에 접어든 아이들은 자신의 저항과 반항의 표시로 부모에게 폭력을 행사하기도 있는데, 이때 아버지는 어머니 같이 나약해서는 안 된다. **아버지는 적어도 자식의 도리를 강하게 말해야 한다. 그래도 통하지 않으면 물리적으로라도 맞서 싸워야한다.**

아버지가 자식의 모든 응석을 받아주다가는 오히려 엇나간 자식의 폭력이 도를 넘을 수 있다. 이와 같은 아이들의 심리적 현상을 놓고 볼 때, 부모는 자식에게 보다 유연성을 갖고 자식을 끌어안는 자세가 필요하다.

인간은 누구나 한두 번의 좌절은 있을 수 있다는, 격려와 인정을 통하여 부자간의 정을 두텁게 해야 한다. 그리고 아버지는 자식에게 간섭을 피하고 '너는 할 수 있다.' 라는 자신감과 용기를 주어야 한다.

" 인간은 누구나 한두 번의 좌절은 있을 수 있어
격려와 인정을 통하여
부자간의 정을 두텁게 해야 한다 "

바람직한 아버지상

지금 60대 이상의 아버지들은 권위적이고, 딱딱한 유교 세대다. 그래서 자식들로부터 멀어지고, 매력을 잃고 있다.

역사적으로 보면 석기 시대에 우리 조상들은 주로 채소류를 섭취했다. 때때로 남자들은 말을 타고 활로 짐승이나 물고기를 잡기도 했지만, 사냥에 실패할 때가 많아 여자들이 수확한 감자나 고구마로 식량을 충당했다.

조선 시대에 와서는 여성보다 힘센 남성이 농사에 종사하여 필요한 식량을 준비했고, 권위주의 시대였던 탓에 아버지는 아이들을 돌보는 일을 멀리했다.

산업사회로 접어들면서 대부분의 아버지들은 직장에 충실해야 했고, 가정의 일은 어머니의 몫이었다. 그러나 지금은 직장일과 가사 활동이 각각 남자와 여자의 몫으로 구별할 수 없는 시대로 변하고 있다.

그래서 아버지는 이 기회에 자식들과 거리를 좁힐 수 있다고 생각한다. 이에 따라 아버지가 아이들과 가까워지기 위해 하는 축구나 야구, 배드민턴과 같은 운동은 아이들에게 매력적일 수 있다. 드라이브, 야외놀이, 외식까지도 부자간의 밀착이 될 수 있다. 이렇게 하면 아이들이 어머니의 품속 사랑으로부터 벗어날 수 있어 더욱 바람직한 가정교육이 되는 것이다.

이때 주의할 점은 부모들이 불편함을 아이들에게 보일 때 혼자 노는 능력이 떨어진다는 것이다. 또 아이들은 부모로부터 인정

받기를 원하고 있는데, 이것이 잘 안 되면 아이들의 대인관계가 원만해지질 못한다.

한편 아이들이 사춘기를 접했을 때 부모와 자식과의 만남이 적으면 적을수록 부모는 자식을 향한 간섭을 그만큼 더 줄일 수 있다. 이 시기의 자녀들이 부모와 밀착할수록 현대인의 병이기도 한 대인 공포증에 잘 걸린다. 따라서 가족끼리만 만나는 것은 좋은 방법이 아니다.

편부모 밑에서 자란 아이의 그림은 2차원인 평면이지만, 양부모 밑에서 자란 아이의 그림은 3차원인 입체이다. 이때 **2차원적인 아이는 자기애적이고, 자기 완성적이며, 대인공포증을 갖고 있지만, 가족을 벗어난 만남은 인간관계가 원만해지는 4차원적인 인식을 갖게 한다.**

결론적으로 사려 깊고 다정다감한 어머니의 모습도 필요하지만, 아이들이 4차원적인 인식을 갖도록 어머니의 품속 사랑에서 벗어나 아버지의 씩씩한 모습으로 다른 사람들과의 만남의

장을 만들어 주는 것이 중요하다.

" 부모로부터 인정을 받을 때,
아이들은 자신감이 생기고,
모녀, 모자가 밀착될수록
현대병인 대인 공포증이 생긴다 "

당신에게

(1) 약속된 만남

이 세상에 오기 전 내가 홍씨 집안의 아들로 태어난 것은, 태어나기 전부터 지금의 부모님이 될 분을 이 세상에서 만나기로 약속되었기 때문이라고 한다. 지금의 이치나 논리로 보기에는 황당한 소리 같지만, 불가에서는 이 세상의 모든 만남이 정해진 인연이기에 어쩔 수 없다고 한다. 그래서 당신과의 만남도 저 세상에서 약속된 것이 아닌가 싶다.

평범한 인간이 상상하기에는 한계가 있지만, 내 영혼이 저 세상에서 이 세상으로 오는데 무작정 떠나왔을 리 없다. 누구와 같이 갈 것이며, 어느 부모의 자식으로 태어날 것인가? 부탁과 허락이 약속된 절차를 거쳤기 때문에, 우리의 만남과 운명은 예정된 것이다.

어떤 사람들은 자신을 낳은 부모님을 원망하지만, 이는 영혼의 세계를 모르고 하는 말이다. 이 세상에서의 만남은 모두 태어나기 전에 스스로 결정하고, 선택한 약속이기 때문이다. 단지 우리는 이 세상에 태어나는 순간 전생의 모든 기억을 잊어버려 모르고 있을 따름이다.

(2) 우리 가정의 지도자

당신은 마치 우리 가정의 지도자로서의 임무를 띠고 태어난 것 같다. 그 또한 어떤 약속에 의한 것이라고 할 수 있지 않겠는가?

나는 현재, 과거, 심지어 미래에 일어날 상황까지 먼저 표현하는데, 그것은 '상황인식'을 서로 알고 있어야 한다는 근거에서다. 그러나 당신은 행동으로 실천한 후에 표현함으로써, 가볍다는 말보다 무게에 가치를 두고 또 말을 삼간다.

우리 두 사람 다 필요한 부분과 불필요한 부분을 갖고 있다. 상대방에게 지나치게 솔직하면 상대방이 불편해하고, 표현하지 않고 모든 일을 인내하면 본인이 고통스럽다. 따라서 '덕으로 다스려라' 라는 중용의 가르침을 기억해야 한다.

당신은 위로는 아버지, 어머니에게 효를 다했고, 밑으로는 동생들의 도시락과 용돈, 심지어 등록금까지 챙기는 어려움도 다 겪어냈다. 자식들 뒷바라지는 말할 것도 없으며, 배움에도 게을리 않고 학업을 계속해냈다.

무엇보다 당신의 중요한 역할은 자식들에게 친구가 되고 있다는 점이다. 당신은 재미있는 주변 이야기부터 먼 친척들의 삶의 지혜까지 자식에게 많은 것을 들려준다. 그리고 심부름, 방청소, 설거지, 예의범절, 인간관계, 목욕법 등도 세심히 챙긴다. 또한 당신이 매우 검소하므로 나도 생활인의 자세를 배우게 되고, 덕분에 우리 집의 가계가 그런대로 굴러가는 듯싶다.

(3) 가족에 대한 사랑

당신은 가족에 대한 사랑이 남다르다고 생각한다. 그것은 당신이 행동으로 보여주고 있기 때문이다. '책을 읽지 않는 사람과는 대화도 하지 말라' 는 말처럼 당신이 늘 독서를 생활화하고 있어 자식들도 책을 가까이 하고 있다. 그리고 당신은 자식들에게 '지혜롭게 세상을 살아야 한다' 는 말과, 더 중요한 '상대방이 편하게 느끼도록 대하라' 는 말을 늘 강조한다.

(4) 성격이 다른 두 사람

성격이 매우 다른 우리 두 사람은 살아오면서 의견 충돌과 다툼으로 어려움이 많았다. '해탈' 이라는 불도의 가르침은 다음과 같다.

'생각은 행동 이상으로 큰 충격을 준다는 사실을 명심해야 할 이유는 남을 죽도록 미워했다면 이미 폭행, 살인죄를 지은 것이나 다름없기 때문이다. 우리가 남을 미워하는 상념파장은

1초 동안 지구를 일곱 바퀴 돌아서 결국은 자기 자신에게로 돌아온다. 이러한 목표는 고통과 인내로 쌓아야 한다.'

이러한 불도의 가르침을 거울삼아 인간사와 함께 두 사람은 반성하는 자세로 포용하면서 살아간다.

'남의 눈에 눈물을 흘리게 하면 내 눈에 피눈물이 난다.' 이 말은 속담이 아니라 정확한 생명운동의 틀이다. 본인이 지은 죄에서 벗어나는 길은 끊임없는 자신의 행위에 대한 반성으로 성격상의 결함을 고쳐가는 것이다.

업의 윤회에서 벗어나야 다음 세상에 태어나서 고통을 받지 않고 살 수 있다. 업의 윤회에서 벗어나는 것을 해탈이라 하지 않는가? 따라서 해탈만이 우리 인간사의 최대 삶의 목표가 되는데, 이러한 목표는 고통과 인내로 쌓아가야 한다.

(5) 인생이란?

얼굴에 잔주름이 하나 둘씩 늘어나면서 점점 거울 보기가 두려워진다. 애지중지 키운 자식들이 하나 둘 품속에서 떠나고 나면 여인숙의 잠자리처럼 외로워지고, 언젠가는 외짝으로 살다가 간다. 그래서 인생은 허무하기에 고독과 애수에 잠기는 것이다.

하지만 평범한 인간이 살다 간 뒤를 쫓아가기보다는 다음 생을 위해 의미 있는 씨앗을 뿌려야 한다. 인간이 무상의 참뜻을 헤아릴 때, 영혼의 성장과 영혼의 진화도 가능해지며, 우리가 살고 있는 이 세상을 지상낙원으로 건설할 수 있다고 생각한다.

" 업의 윤회에서 벗어나는 길은
끊임없는 반성과 노력 그리고 용기로서
자신의 성격상의 결점을 고쳐나가는 길뿐이다 "

아들에게

'인간은 바보 멍텅구리'라는 말을 가끔 듣는다. 왜 이 말에 귀를 기울여야 할까? 아버지도, 어머니도, 너도 그리고 우리 주변에 많은 사람들이 멍텅구리이기 때문이다. 대부분의 사람들은 자신을 멍텅구리라고 생각하지 않는다. 하지만 자신이 멍텅구리라는 사실을 아는 사람과 모르는 사람의 차이는 크다.

이 세상에는 1차원의 세계와 2차원의 세계 그리고 3차원의 세계가 있다. 현실은 1차원의 세계이자 눈에 보이는 세계인데,

우리는 눈에 보이는 것만을 전부라고 생각하기 쉽다.

사람들은 나이 50이 넘어서야 대부분 인생을 후회하면서 살고, 하늘의 명령이 무엇인지 알게 된다. 그렇기 때문에 '인간은 바보 멍텅구리'인 것이다.

중, 고등학교나 대학에서 윤리, 도덕, 철학 과목이 필요한 이유는 2차원의 세계를 학생들에게 이해시키는 데 있다. 바로 **위인이나 성현들이 2차원의 세계에서 1차원의 세계만을 존재의 가치로 보는 사람들에게 어리석음을 깨우치게 하기 때문이다.**

3차원의 세계는 창조주의 세계를 말하며, 3차원에서 인간을 바라보면 어리석게 보일 것이다. 그래서 너에게 틈나는 대로 성현들이 말씀한 책을 읽으라고 했고, 너는 노만 V.필이 쓴 《적극적인 사고방식》이라는 책을 읽고 깊은 감명을 받았다고 했다.

세월이 지나 지금은 그 내용을 까마득히 잊고 있을 것으로 생각한다. 비록 지금은 잊고 있지만 어떤 상황을 만나면 대처하는 지혜를 발휘할 수 있을 것이라고 생각한다.

일이 일어나고 난 다음은 상황이 다르므로, 일이 일어나기 전에 예방해야 한다. 그래서 전에 읽었던 책을 주변에 가까이 두고 반복하지 않으면 실천하기 어렵다.

2차원의 세계인 철학적인 사고는 사람이 살아가는 데 있어 가장 합리적이면서 논리적이고 사리가 분명한 사고다. 그래서 대학에서 철학과목이 매우 중요하다.

오늘날 어른들의 무지로 "나이 들어보아라, 아니면 어른이 되어보아라, 그래야 알 수 있다." 라고 나무란다. 하지만 세월이 다 지난 뒤에 후회하는 것은 별 의미가 없다. 따라서 처음부터 자식들에게 바르게 가르쳐야 한다.

우리 집 가훈(home teaching)은 질서(秩序)다. 다른 말로 표현하면 균형이자 평형이다. 3차원의 세계는 우주의 질서를 뜻한다. 하늘의 질서를 거역하면 인간은 반드시 재앙을 받는다. **환경을 파괴하여 조류독감이 왔고, 하늘의 뜻을 거역하여 광우병이 왔다.**

지구를 둘러싸고 있는 오존층을 인간이 무질서하게 파괴함으로써 태양의 가시광선을 받아 인간은 피부암에 걸리고 있다. 지금 인류는 심각한 재앙을 받고 있으며, 앞으로 더 큰 재앙이 올 수 있다. 훌륭한 과학자들이나 천문학자들은 자연의 위대함에 놀라 무릎을 꿇은 지 오래다.

어리석은 사람들은 돈과 명예 그리고 건강이 전부인 것으로 착각하면서 산다. '상처가 중해서 붕대를 감는 것이 아니라 상처가 낫도록 붕대를 감는 것처럼, 내 몸이 소중해서 아끼는 것이 아니라 수행을 위해 아끼는 것이다' 라는 말이 생각난다. 그러니 인간의 삶의 목적은 깨달음에 있다는 사실을 알아야 하고, 어리석고 우매한 행동을 하지 말아야 한다.

나는 너와 구체적인 인생행로를 한적한 야외공간에서 엄마와 함께 대화하고 싶다. 앞서 우리 집 가훈은 질서라고 했다. 질서가 무너지면 모든 것이 무너진다.

이를 테면 고대에는 부족회의에서 결정된 사항에 대해서 부하들은 추장의 명령에 따랐다. 그리고 추장은 부족집단을 이끌고 갈 책임과 의무를 다했다. 부족집단에서 구성원이 되지 못하는 사람은 추방당하거나 스스로 집단에서 떠났다.

동생들이 다 반대하고 어머니도 반대하는 사람과 결혼하면, 우리 가족 모두 함께 살아가기 힘들어진다. 새로운 식구를 맞이하면 그 사람은 동생들의 형수가 되고, 앞으로 우리 집안을 이끌어가야 하는 위치에 서게 된다. 그래서 그 사람은 우리 가족의 구성원이 되어서도 안 되고, 1차원이나 2차원의 세계에서도 아니라는 것이다. 굳이 맞지 않는 상대를 억지로 택한다면 천박한 처사가 된다.

마지막으로 3차원의 세계란 하늘의 세계인데, 하늘의 뜻을 거역하면 인간은 불행해진다. 동반자란 너의 모자람을 보태줄 수 있어야 하고 필연적으로 만나야 한다. 절의 스님이 반대해서, 아니면 궁합이 맞지 않아 부모가 반대한다고 생각하면 착각이다.

고통스러울 때 친구와 술이 일시적으로는 도움이 될 수 있으나 해결사는 아니다. 그 해법은 성현이나 스승의 말씀 속에서 찾아야 한다. 그러니 이들에 대한 말씀의 책을 읽어야 한다.

인류를 위해 큰 뜻을 품고 대도(大道)를 걸어야 한다. 사사로운 감정은 소인(小人)이 품는 것이니 뜻이 있는 곳에 길이 있다.

"맑고 밝은 덕을 이 세상에 밝히려는 사람은 먼저 자기 마음부터 바르게 해야 한다"
-《대학》-

참고도서
(독후감으로 권하는 책)

1. 《대학에 들어간 아들에게》, 이광규 지음, 집현전
2. 《중용》, 서근석 지음, 풀잎
3. 《탈무드》, 마빈 토케이어 지음, 임대선 옮김, 연지사
4. 《열린 교육이 아이들을 망친다》, 황용길 지음, 조선일보사
5. 《사람답게 살자면》, 김동길 지음, 조선일보사
6. 《한국 여성에게 고함》, 김동길 지음, 동아일보사
7. 《철학이란 무엇인가》, 엄정식 지음, 문화사상사
8. 《적극적인 사고방식》, 노만 V.필 지음, 박병진 옮김, 육문사
9. 《왜 사는가? 왜 죽는가?》, 김해석 지음, 해누리
10. 《사람은 누구인가?》, 류범상 지음, 도서출판 류

11. 《석가와 예수의 대화》, S.라다크리슈난 지음, 황필호 옮김, 종로서적
12. 《사람과 자연은 하나다》, 이을호 지음, 지식산업사
13. 《만행. 하버드에서 화계사까지》 현각 지음, 열림원
14. 《선의 나침반》, 현각 엮음
15. 《오직 모를 뿐》, 현각 편집 ,물병자리
16. 《한반도에 기가 모이고 있다》, 이충웅 지음, 집문당
17. 《과학시대의 불교》, 미즈하라 순지 지음, 이호준 옮김, 대원정사
18. 《플라톤의 대화》, 최명관 옮김, 종로서적
19. 《불교적 깨달음과 과학적 깨달음》, 김성규 지음, 과학과 사상
20. 《카네기 인생론》, D.카네기 지음, 김동사 옮김, 내외신서
21. 《아인슈타인과 부처》, 토마스 J.맥팔레인 지음, 강주헌 옮김, 황소걸음
22. 《진리의 말씀》, 법정 옮김, 이레
23. 《아버지가 변해야 가족이 변한다》, 사이토 사토루 지음, 이규은 옮김, 종문화사
24. 《세속과 초월》, 오쇼 라즈니쉬 지음, 이호준 옮김, 청하

25. 《티벳의 성자를 찾아서》, 맥도날드 베인 지음, 박영철 옮김, 정신세계사
26. 《효봉-그대 어디서 왔다가 어디로 가는고?》, 윤청광 지음, 언어문화
27. 《나는 누구인가?》, 라마나 마하르쉬 지음, 이호준 옮김, 청하
28. 《나는 왜 기독교인이 아닌가?》, 버트런드 러셀 지음, 송은경 옮김
29. 《환단고기》, 안경전 역주, 상생출판

후회없는 삶을 위하여

무엇을 그리고 왜?

2020년 1월 10일 초판 1쇄 발행

저자 홍안의
발행인 송광헌
편집 이재욱
표지 문한나

임프린트 복두성
펴낸곳 복두출판사
출판등록 | 1993년 11월 22일 제10-902호
주소 | 서울 영등포구 경인로82길 3-4 807호(문래동 센터플러스)
전화번호 | 02-2164-2580 팩스 | 02-2164-2584
이메일 | info@@bogdoo.co.kr
홈페이지 | www.bogdoo.co.kr

ISBN 979-11-5906-604-7 03810

값 14,000원

복두성은 복두출판사의 임프린트입니다.